Carlos Fajardo Ricomà

HISTORIAS QUE NO PUEDO OLVIDAR

ediciones | la tempestad

Historias que no puedo olvidar
© Carlos Fajardo Ricomà, 2024

Primera edición: enero de 2024
© De esta edición: Ediciones de La Tempestad SL, 2024

Ediciones La Tempestad®
c/ Pujades, 6 - Local 2
08005 Barcelona
Tel: 932 250 439
E-mail: info@llibresindex.com
www.edicionestempestad.com

ISBN: 978-84-7948-208-4

Sumario

A mis padres.
(Polvo de estrellas)

A los que tienen este libro en sus manos.
Gracias

A mis amigos, que han colaborado con sus historias.
Gracias

Y a ese alguien que no nombro, pero sé quién es…
Gracias

Consideraciones previas

Las consideraciones sobre los recuerdos, hechos y acontecimientos que han ocurrido a lo largo de nuestra pequeña y efímera historia son unos ejercicios necesarios para adquirir más conocimientos y sabiduría sobre nosotros mismos y el complejo mundo que nos rodea. Un mundo en el que reinan toneladas de hipocresía, intereses espurios, muchos misterios por resolver, una ignorancia supina, una gran miseria en muchas partes del planeta, desigualdades enormes y el egoísmo y la crueldad más gratuitos. Los recuerdos, nos gusten o no, son, en gran medida, lo que en cada momento somos.

Condicionan lo que hacemos, consciente o inconscientemente, lo que sentimos, lo que amamos o despreciamos, y permanecen guardados en nuestro cerebro, espíritu o alma, se le llame como se quiera según las creencias que tenga cada uno. Unos piensan que el tiempo lo cura todo, que siempre es posible ocultarse en el gran recurso del olvido, pero las sonrisas y las lágrimas derramadas a lo largo de la vida no se arrinconan fácilmente en lo más recóndito de nuestro interior.

Algunos de estos recuerdos son algo enigmáticos, otros un tanto esotéricos, y muchos están rodeados de una cierta ironía, pero todos son verídicos, tanto los que ha vivido personalmente el autor como los procedentes de testimonios cercanos a este, aunque, en algunos casos, con nombres supuestos por respeto a la intimidad de los protagonistas.

No están todos los que son, ni son todos los que están, evidentemente, pero ahí van, para que el lector los amplié o los cuestione según lo considere oportuno…

Adquirimos la carne en una carnicería, escogiendo la parte más suculenta del animal sacrificado, en vez de utilizar un garrote para cazar un animal salvaje, como lo hicieron durante siglos nuestros antepasados de la prehistoria. La congelamos en un receptáculo cerrado, conectado a los precios abusivos de la red eléctrica, junto con los embutidos, las verduras y otros productos manufacturados en fábricas, y confinados en unos horribles envases de plástico que están degradando los mares de forma irreparable.

Pero... Seguimos sufriendo intoxicaciones muy graves, y los medios de comunicación nos alertan cada día (tarde y mal) de muchos productos infectados.

Vivimos en pequeñas cuevas hipotecadas, apretujados como en hormigueros, bajo una nube de polución constante, sometidos al terrorismo acústico de un tráfico caótico.

Pero... respiramos un aire artificial, mientras estamos alucinados frente a un plasma de 50 pulgadas para soportar a todas horas los «tele desgracias» y los interminables anuncios de perfumes, promocionados por mujeres en bikini, fingiendo unos aparatosos orgasmos.

Nos detenemos atemorizados cuando cambia la luz de los semáforos, o nos deslumbra el flash escondido perversamente en el arcén de una carretera solo con afán recaudatorio.

Pero... Sucumbimos aplastados dentro de un amasijo de hierros, circulando como locos en una carretera secundaria mal señalizada, mientras estamos pendientes de nuestros móviles de última generación, ofuscados por el alcohol o las drogas de diseño, o fijando la mirada malandrina en el cartel provocador de una tienda sex-shop.

Nos consideramos el último eslabón, único, superior y súper desarrollado del «homo-sapiens-sapiens».

Pero... El Prozac sigue siendo el ansiolítico más consumido en el mundo que llamamos civilizado. Solamente en el último año se prescribió este medicamento (la pastilla de la felicidad) a más de 100 millones de «pacientes».

Hemos situado miles de satélites artificiales orbitando el planeta para poder espiarnos mejor. Hemos llegado a la Luna (dando unos ridículos saltitos, que se convirtieron en el «spot» de USA más caro de la historia). También hemos colocado un robot en Marte, escrutando algo que se parezca a lo que llamamos vida, y cada vez aceptamos ya la evidencia de los «ovnis» y sus más que posibles seres de otros mundos.

Pero… No somos capaces de establecer un mínimo diálogo razonable entre nosotros para dejar de matarnos cada día por una u otra sinrazón.

Desde hace 4.500 años, las pirámides de Egipto han sido mudo testigo de la historia de la humanidad. Estas pirámides son las tumbas de faraones, que pretendían alcanzar la inmortalidad con estos impresionantes monumentos. Las admiramos asombrados y nos declaramos incapaces de reproducirlas con nuestra orgullosa tecnología más avanzada.

Pero… Aún no sabemos cómo ni por qué las construyeron, ni si recibieron alguna ayuda alienígena, ni que extraña finalidad cósmica pueden tener todavía.

Despreciamos las antiguas creencias politeístas primitivas, con su proliferación de mitos, supersticiones e incluso sacrificios humanos y atrocidades entre sectas y clanes.

Pero… Lo mismo ocurre en la actualidad. Solo tenemos que repasar la gran cantidad de guerras y conflictos sangrientos, provocados por agitaciones religiosas, bendiciendo a unos bandos y excomulgando a otros, bajo el signo de la cruz o la media luna, fruto de enseñanzas sectarias, que dan paso a un universo conflictivo y sangriento, en muchos puntos de planeta.

Reconocemos que los seres humanos somos los causantes del cambio climático, y también sus víctimas. Su impacto potencial es enorme: falta de agua potable, grandes cambios en las condiciones ambientales para la producción de alimentos y deforestaciones, como los terribles incendios de Australia o del Amazonas, que han destruido más de 80.000 Km^2 del «pulmón del mundo» y han dejado más de mil millones de animales muertos.

Pero… Las cumbres de París en el 2015 y de Madrid en el 2019, entre otras, han servido para muy poco. Las peroratas y declaraciones de intenciones de los líderes mundiales, y algunos artistas oportunistas, se han quedado solo en palabras. Los grandes responsables del calentamiento global, USA y China, han tenido representaciones casi simbólicas. Solo una voz adolescente ha clamado en el desierto y ha acaparado la atención mediática con sus ojos de alucinada. Algo muy loable, pero que solo será una anécdota más de estas cumbres fallidas que han finalizado sin pena ni gloria.

Sin duda, lo pagaremos todos.

Y un último… Pero… De momento, seguiremos preocupados por el precio de la gasolina, por donde poder aparcar nuestro contaminante vehículo, o por ver si ya existe un teléfono móvil con más prestaciones y, sobre todo, por nuestras ridículas controversias políticas y territoriales, que son como minúsculas gotas de agua frente a la reacción imparable de la naturaleza herida por nuestros constantes ataques.

Los inconscientes y orgullosos *homo sapiens-sapiens* de hoy en día somos así. Hasta que ocurra algo realmente apocalíptico, como ya ha ocurrido tantas veces a lo largo de la historia, que nos devuelva el sentido común.

Si es que aún estamos a tiempo de verlo…

Hay muchas sombras que asedian este presente,
pero los recuerdos se agitan en mis historias
y despejan la bruma de los sentimientos.
Gracias.

Carlos Fajardo Ricomà

1

Aquel padre prefecto*

Cuando tuve que cursar el preuniversitario, el clima con mis tutores religiosos había llegado a un punto realmente complicado en lo referente a lo que el padre prefecto de la congregación calificaba como mis «peligrosas dudas y pendencias de naturaleza agnósticas». En efecto, aquellas dudas incipientes, convertidas hoy en razonamientos muy consolidados, siguen vivas y me gratifica poder compartirlas con un grupo de personas que hemos conseguido huir de la tremenda manipulación del sistema y de los medios de comunicación descaradamente subvencionados. Pero debió ser por este razonamiento, casi inquisitorial, por lo que el iracundo consiliario de la orden decidió visitar a mi padre en su consultorio particular, para recomendarle que procurase enderezar aquella «rama torcida del jardín del Señor», que organizaba reuniones sobre estas dudas, consideradas anatemas para la parroquia que dirigía el colegio.

Aquel sacerdote también cuestionó mi actitud *pecaminosa* en otros aspectos de la vida, llegando a decir que yo había sido visto paseando por las Ramblas con otros «amigotes», fumando y bebiendo, en compañía de unas mujeres «casi desnudas». La entrevista, celebrada en la antesala del doctor entre consulta y consulta, no convenció en absoluto al sacerdote, ataviado con birrete y larga sotana negra, que abandonó el despacho mascullando diatribas en latín, y asustando con su imagen a los pacientes que esperaban sin imaginar que se encontrarían con aquella inoportuna visión.

---

* Este relato comprende una de mis primeras experiencias que ya marcaron, en aquellos tiempos de mi juventud, un deseo de contestación ante muchas cosas que, entonces, se calificaban como «políticamente correctas» Fue objeto de una primera autoedición limitada, que distribuí entre unos pocos familiares y amigos. Ahora me complace su distribución más amplia, contando con el respaldo de la editorial.

Tras comentar lo sucedido con mi padre, acepté que lo de los amigos -no *amigotes*- podía ser cierto, según su mente retrógrada, pero que lo de las mujeres «casi desnudas» solo correspondía al fruto de la imaginación calenturienta del ex misionero, que debía recordar sus tiempos gloriosos de evangelización en las tribus de Nueva Guinea, y a sus rubicundas hembras con los pechos y el culo al aire, danzando sin complejos ni prejuicios.

No obstante, comprendí lo incomodo de la situación y, al poco tiempo, salí por la puerta pequeña del colegio y continúe mis estudios en una academia privada, simultaneados con éxito y más tranquilidad mi ingreso en la Universidad. De aquella experiencia deduje que había sido muy positiva, pues me había permitido conocer mejor el talante liberal de mi padre y la cara absolutista del clero, con el que mantuve para siempre una prudencial distancia.

Pasados bastantes años me encontré con el mismo padre prefecto, y por un sentimiento mezcla de curiosidad y morbo, lo reconozco, establecí una mínima conversación con él. Me reconoció enseguida y propuso que diésemos un paseo juntos. Nunca me interesaron las charlas entre el fragor de las calles, y preveía una sórdida retahíla de lamentos y reproches, pero me encogí de hombros y acepté.

Me dijo que tenía más de noventa años, estaba jubilado y residía en una pequeña habitación que le había cedido el colegio. Añadió que comía mal y que todo había cambiado mucho. De repente me preguntó si quería confesarme con él. Le contesté que habían pasado demasiados años como para recordar mis múltiples pecados, pero insistió en que su apostolado «imprime carácter» y me instó para ejercitar aquel sacramento conmigo, mientras degustábamos una paella, «de marisco», por supuesto… Era lo previsible.

Ante mi educada negativa quiso convencerme con una frase que me impactó mucho, como un exponente de la volatilidad de sus excelsas convicciones:

—Mira hijo mío: No te preocupes de nada; porque con este Papa que tenemos hoy en día… ¡Ya se perdona todo!

Es posible, pensé, y cuando se despedía con cierto mal humor, noté que dirigía sus dedos índices y anular hacia mi frente, en lo que supuse era una especie de reducida y escueta bendición personal. Luego nos alejamos cada uno en su dirección, pero no pude resistir la tentación de girarme y observarle por última vez. Con sus pequeñas manos entrelazadas con fuerza en la espalda, la cabeza inclinada y el paso muy firme y resuelto dada su provecta edad, parecía peregrinar entre la gente, abstraído de todo lo que existía a su alrededor. Incluso escuché a dos jovencitas muy alegres, con minifalda de colores y bambas con talones plateados, que se apartaron dando un ágil salto para no tropezar con él, mientras comentaban riéndose:

—¿Has visto a este loco en mitad de la acera? Parece un cura... Que tipo más curioso, ¿verdad?

Observando a la vez aquellos dos escenarios y generaciones tan distintas y enfrentadas, en medio de una multitud que circulaba ajena a todo, mis experiencias sobre la volatilidad de la condición humana se reactivaron con fuerza.

Y entonces recordé un axioma de Oscar Wilde que me pareció muy oportuno para el momento:

«La sociedad moderna olvida que el mundo no es propiedad de una única generación».

2

Su señoría duerme

Una de las ventajas de mi paso por las empresas de comunicación ha sido tratar y conocer a personajes de gran valía, preparación humana y prestigio, que me hicieron participe de experiencias inéditas e insólitas. Uno de ellos fue el político y escritor Carlos Sentís Anfrún.

Sentís fue un escalón básico en la reafirmación de la democracia, contribuyó al retorno del presidente Josep Tarradellas y fue autor de numerosos artículos y libros, algunos de los cuales conservo con su afectuosa dedicatoria.

En una agradable cena en su casa, el ilustre personaje se avino a rememorar una experiencia que vivió, siendo diputado, durante el bochornoso espectáculo acaecido en el Parlamento aquella tarde del 28 de febrero de 1981, cuando se debatía la investidura de Leopoldo Calvo Sotelo como presidente del Gobierno.

Adelanto que no voy a entrar en consideraciones políticas, ya que, como pasa siempre, cada uno vivió la fiesta según le pareció.

Su relato fue así:

«Yo ocupaba mi escaño en la cuarta fila del hemiciclo en el lateral derecho. A mi izquierda, lindando con el pasillo, ocupaba su sitio otro diputado de mi partido cuyo nombre omitiré por vergüenza ajena y razones obvias que entenderéis al final. Apunto que mi compañero tenía una gran propensión a caer en un profundo sueño en cuando se acomodaba en el escaño, algo comprensible dada su avanzada edad, su nivel de colesterol y la hipertensión que padecía.

Cuando el presidente de la Cámara le nombró para que emitiera su voto, tuve que despertarle para que, tras un ligero carraspeo, emitiese un lejano pero profundo ¡sí! tras lo cual volvió a sumirse, satisfecho, en los brazos de Morfeo.

Luego pasó lo que pasó…

A las 18,23 horas llegó Tejero, después de que los policías de la puerta se cuadrasen ante él y los oficiales que le acompañaban. Pocos instantes después Tejero encabezó el asalto al hemiciclo.

Parecía un personaje de cómic, con ojos de crustáceo, bigote decimonónico y tricornio de charol, con una voz cascada de carajillo barato y media Faria que pretendía ser autoritaria.

Al principio todo parecía una broma de mal gusto, una ridícula españolada de los primeros tiempos de Benito Perojo. Solo faltaba la escenografía de Imperio Argentina o Juanito Valderrama acompañando el fachoso espectáculo. Pero las armas eran reales, los disparos reales, y los trozos de yeso que caían del techo también.

La orden tajante de *¡Todo el mundo al suelo!* no era ninguna broma, y salvo honrosísimas excepciones, se cumplió a rajatabla.

No obstante, aunque parezca mentira, mi compañero, a pesar de los disparos y el alboroto organizado, no se despertó, seguramente inmerso en algún glorioso y patriótico recuerdo. En aquella situación me preocupé por el aletargado estado de su señoría, y le agarré por la nuca, sujetando su frágil estructura ósea para ampararle preventivamente en el suelo.

El tiempo transcurría muy lento, hasta que, poco a poco, se volvió a una relativa y humillante calma, y sus señorías se fueron incorporando, pero mi compañero seguía inmóvil en el suelo, emitiendo unos sonidos guturales que debían ser de dolor por su incomoda postura.

Fue entonces cuando comprendí que tenía defender su dignidad frente a los demás diputados, y le dije al oído:

—Ya puedes salir… ¡El peligro ha pasado!

Entonces ocurrió lo que justifica mi relato… Algo que era la representación de una España profunda, anclada en la inexperiencia democrática, aferrada a unos conceptos sacrosantos, varados en algunos cerebros anquilosados en las jaulas del pasado.

Su señoría se enderezó con esfuerzo, miró a su alrededor y se dio cuenta que, junto a él, erguido, uniformado, con una metralleta en la mano y mirada amenazadora, se encontraba un guardia civil. Un intachable número de la Benemérita, celador del orden, de la paz y la patria, debió pensar, cosas por las que él siempre había luchado.

Pero, como ya os imagináis, era un golpista, uno de los de Tejero.

Al momento algo surgió dentro de mi compañero. Se le llenaron los ojos de alegría. Sin dudarlo se agarró con fuerza y devoción a los pantalones del golpista, que le miraba estupefacto.

Tras un largo suspiro, lleno de admiración, le repitió por dos veces:

—Dios mío… ¡Menos mal, menos mal que han llegado ustedes ¡Gracias a Dios!

Por cierto, mi compañero no repitió legislatura. Es posible que siga durmiendo en un viejo sofá de cuero el sueño de los justos, o, quizás, dada su provecta edad, el eterno sueño de los justos.

Desde luego, no pasara a la historia, seguro. Porque, con un poco de suerte, solo fui yo, amén del guardia civil golpista, quienes presenciamos aquella lamentable anécdota que, como es lógico, su señoría jamás dijo recordar ni mencionó a nadie».

3

El ectoplasma de Olivia

Olivia fue una amiga mía. Quizás lo seguiría siendo si volviese a verla o supiese por dónde anda ahora. Mi «amante» dirían los antiguos, «una amiga con derecho a roce», los más cursis, o un «ligue», los más jóvenes.

Cuando estábamos juntos y ella decidía llegar al éxtasis, se colocaba en una posición muy especial, compenetrándose plenamente conmigo, con un ritmo melodioso que me envolvía como el final apoteósico de un concierto.

Aquello no era solamente sexo, era otra cosa…

Me pedía que le acariciase su cabeza siempre de atrás hacia delante. Su espalda se arqueaba de una forma prodigiosa y su barbilla apuntaba hacia un infinito que parecía entrever con sus ojos semicerrados, emitiendo unos sonidos graves, que parecían proceder de varios puntos a la vez.

Yo solía decirle, para descender un poco a la realidad, que sus caderas me recordaban las de las yeguas de los entierros de primera, pero en blanco… y entonces ella se reía condescendiente y satisfecha desde su lejana dimensión, con aquella comparación un tanto torpe.

En aquellos momentos, en más de una ocasión, yo notaba cómo aumentaba de forma inusual el crepitar de las velas que custodiaban el ambiente del dormitorio, y creía ver cómo el humo que desprendían se juntaba en el centro de la habitación acogiendo la forma de unos ectoplasmas que emanaban de su frente, perlada por un sudor estático.

Varias veces intenté descubrir qué podían significar aquellas imágenes ambiguas, inquietantes, sin conseguirlo, aunque estaba seguro de que representaban algo que algún día llegaría a entender.

Luego Olivia suspiraba, se desplomaba sobre mi lado izquierdo, parecía pesar menos de lo habitual, y se expandía boca arriba manteniendo su mano derecha asida con la mía. Entonces, durante unos minutos, el silencio era total mientras yo, sin confesarlo, realizaba un control de mis pulsaciones en la muñeca, esperando que la revolución interna de mis órganos se serenase un poco...

Era el momento, pensaba, propicio para «la comunión de los espíritus», tan difícil de conseguir frente a la urgencia del pitillo, o, lo que es peor de todo, de un vacío absoluto, del deseo urgente de sumergirse enseguida bajo la presión y la tiranía de lo cotidiano.

Pero una noche pasó algo especial aparte de la placentera y anímica sesión de sexo. Me sentí extrañamente inquieto y trascendente, cuando le pregunté, sin mirarle:

— ¿No te has dado cuenta? ¿No ves lo que está pasando hoy?

Ella pareció volver de su aislamiento paradisíaco e iluminado, como si me descubriese de nuevo a su lado:

—No. ¿De qué he de darme cuenta? Todo está bien. ¿Te duele algo?

Mi respuesta fue una mezcla de reparo, preocupación e ilusión contenida:

—En absoluto. No es eso. Estoy bien. Pero... en el fondo de la habitación... hay dos imágenes vaporosas, algo difusas, aunque no del todo, que salen de tu cuerpo, se abrazan, suben juntas hasta el techo y luego lo inundan formando un círculo perfecto... Estoy seguro... son ectoplasmas. ¡Son nuestros cuerpos desnudos flotando en el espacio!

En ese momento, ella me contestó:

—Pero... ¿Tú no eres agnóstico? Siempre me lo has dicho.

Yo quería insistir. Compartir con ella lo que veía claramente y sentía cada vez con más fuerza. No podía rendirme ante aquella experiencia única:

—Siempre estoy abierto a cualquier cosa que pueda sugerir o manifestarse de alguna manera... y lo que estoy viendo hoy es muy real... ¡De verdad! ¡Es impresionante!

Me contestó de nuevo. Flemática y relajada, miraba con atención el techo en penumbras, en el que ya casi no se reflejaba la tenue luz de las velas, que empezaban a morir satisfechas de su erótico cometido:

—Cariño… Hoy hace frío y hemos cerrado la ventana. No hay corrientes de aire y mis velas son muy sensibles en estas ocasiones, lo reconozco, pero por más imaginación que le pongas, por más esoterismo que quieras ver, lo único que pueden hacer las pobres es… ¡Humo! ¡Solo humo! Lo que dices ver es un fenómeno sugestivo a los que tú eres tan perceptivo. Sin embargo, me encanta que te haya parecido que somos los dos abrazándonos en el aire, Aunque espero que no te lo tomes como una premonición de algún viaje terminal de los dos hacia el más allá… ¡Déjalo correr y duérmete! ¿De acuerdo?

—Sí, sí… Seguramente debe ser eso. —Dije con un susurro de voz.

Tras aquella balbuciente respuesta ambos decidimos, con una mirada de connivencia, que no era el momento para seguir hablando del tema, y no hubo más comentarios.

Enseguida me levanté para poner en marcha un pequeño equipo musical oculto en el extremo de la habitación. En su interior esperaba, previsoramente, un pequeño CD: el final de Madame Butterfly, por Maria Callas, que ya era un clásico en aquellas ocasiones…

Por su parte ella, tras un cálido beso y un «buenas noches» comprensivo y contento, se sumergió en la lectura de un libro de los que siempre aguardaban en la mesilla de noche.

Amontoné dos cojines de considerable volumen bajo el brazo derecho y apoyé la cabeza sobre ellos, mientras me disponía a conciliar el sueño sin tener la completa seguridad de que los ectoplasmas, el humo de las ceras, o lo que fuese, no estarían presentes aquella noche.

Al poco rato, las velas ya estaban completamente agotadas y sólo la luz de una pequeña lámpara de cristales de colores iluminaba la lectura de Olivia, concentrada y ajena a mis inquietudes metafísicas, que pasaba las páginas del libro con lentitud entre sus dedos traslúcidos, como si las estuviese acariciando.

Me sentía satisfecho y confortado de tenerla a mi lado, aunque decidí custodiar mis dudas. Unas dudas que no me molestaban en absoluto y que me acompañaban, mientras pensaba:

«¿Humo? Dice que solo es humo… no lo sé. Pero la próxima vez me fijare mucho más.»

Los sentidos lejanos todavía me hacen dudar.
Intento razonar mi desatino
Y analizo, y me pregunto sin parar
Qué pudo ser aquello tan arcano, fugaz y divino.

(Poemario del autor)

4

Cristina y el Mar Muerto

Hacía ya algunos años que disfrutaba de la condición de hombre divorciado. Una situación que me condicionaba un poco económicamente, por imperativo de la ley, y otro tanto con el régimen de visitas, por el amor de padre hacia mis hijos.

Pero a pesar de esto, mi situación me permitía gozar de una libertad que procuraba apurar al máximo. En el uso de este contexto había decidido pasar unas vacaciones en un hotel a orillas del Mar Muerto.

El Mar Muerto es la mayor depresión de la tierra, su punto más bajo. La línea que divide su centro separa dos países tan distintos como Israel y Jordania; además, sus cualidades terapéuticas son conocidas desde hace siglos, y, sobre todo, es un lugar donde se respira la historia.

Al sur se encontraron en otro tiempo las ciudades de Sodoma y Gomorra, que fueron destruidas, según la Biblia, por un castigo divino contra sus habitantes inmorales. Al norte, Masada, fortaleza aislada con los restos de dos palacios de Herodes, y un tercer enclave de gran trascendencia histórica, Qumran, donde aparecieron los famosos Manuscritos del Mar Muerto.

Aún tengo muy viva mi experiencia en Qumran, cuando nos mostraron la existencia de sus antiguos moradores, los Esenios, una secta judía muy estricta, cuya comunidad vivía aislada en el desierto esperando pacientemente la llegada del Mesías.

Por aquel entonces, yo ya procuraba profundizar en los temas referentes a la Biblia, la teología y la liturgia, y visitaba lugares de interés histórico, pasando bastante del magnesio, el sodio y el potasio y sus virtudes terapéuticas.

Fue en una de esas visitas, en un oscuro café, donde conocí a Cristina.

Enseguida noté que era una mujer especial. No puede decirse que fuese muy guapa, pero el conjunto de sus rasgos hacía imposible que pasase inadvertida.

Era alta, delgada, con unas piernas perfectamente moldeadas y unos tobillos finísimos que remataba con unas sandalias envueltas en cintas de cuero.

Pero su signo más característico era aquella frente prominente, lisa y despejada. Sus ojos, de un marrón intenso, brillantes y almendrados, parecían mírate desde una nostálgica compresión. De inmediato sentí deseo y curiosidad hacia aquel personaje que intuía complejo, ambivalente, apasionado y excitante.

Pronto establecí con ella la clásica y trivial amistad de turista, y reconocí al momento que era dueña de una lógica natural, sugestiva, aunque un tanto fría, con la que enfocaba las vicisitudes de la vida.

Era lo que necesitaba sentir en aquellos momentos…

Pasados unos días, durante un alto en el camino, y casi sin proponérmelo, la abracé y la besé.

Fue un beso en los labios, bajo la sombra de un gran olivo que sobreviva orgulloso en medio de aquel panorama desértico.

No hubo rechazo alguno; fue como un impulso instantáneo, casi mecánico, que ella secundó enseguida, aunque sin cerrar los ojos en ningún momento y sin dejar de mirarme fijamente con una sonrisa enigmática, mientras me envolvía con su delicado perfume a violetas silvestres.

Cuando finalizó el cálido y sensual contacto, Cristina me sorprendió una vez más. Me dio la mano, como si se hubiese cumplido un sencillo acto protocolario, murmurando:

—Gracias. Hasta luego… ¿Cenamos juntos esta noche?

—Por supuesto, hasta entonces.

Y cada uno siguió su recorrido turístico programado. Mi habitación en el hotel era contigua a la de Cristina. No estaba previsto, pero la casualidad lo dispuso así. Eran dos habitaciones comunicadas por una puerta, que solo puede abrirse si se hace simultáneamente por los dos lados.

Y aquella noche sucedió lo que tenía que pasar...

Lo que ha ocurrido siempre, desde el origen de los tiempos.

Desde que, según el mito más conocido de la historia, Adán y Eva fueron expulsados del Edén por probar el fruto del «árbol de la sabiduría», condenados a «ganar el pan con el sudor de su frente y a parir con dolor». Fue un pecado de orgullo, de desobediencia a los dioses, dejando de lado la estúpida escena de la serpiente, de Satanás, y la jugosa manzana...

No fue una noche romántica ni apasionada. No hubo suspiros, pero sí orgasmos silenciosos, casi ocultados por un extraño sentimiento de algo que parecía no estar resuelto en lo más recóndito de Cristina.

Finalmente, cuando ya hacía rato que el sol había desaparecido tras la línea inquietante de las aguas del Mar Muerto, nos quedamos inmóviles, cada uno en extremo de la cama, dándonos la espalda.

Alrededor de las cinco de la mañana me despertó un ligero crujido metálico. Entreabrí los ojos con cautela y vi como Cristina desaparecía por la puerta común. No hice ni dije nada, me sumergí entre dos gruesos almohadones y volví a dormirme.

Me desperté bastante tarde, me duché con agua fría y bajé al salón restaurante para desayunar.

No vi a Cristina por ninguna parte. Pasado un rato de inútil espera, me dirigí al mostrador de recepción, y le pregunté a un empleado de rostro cenizo y cara de sueño:

—Por favor... ¿Ha visto hoy a la señorita Cristina?

—Si, a las siete, creo... cuando ha liquidado su cuenta y se ha marchado del hotel.

— Ha dejado alguna nota, o ha dicho cuál era su destino?

—No, no ha dejado nada, y no puedo decirle cuál era su destino. Esto es confidencial para nuestros clientes, ¿entiende?

Sabía lo tenía que hacer. Puse cara de conejo deprimido y abandonado y le largué un billete de cinco dólares:

—Por favor, ya me entiende... necesito saber dónde ha ido, dónde vive... algún dato.

Otra vez apareció el billete y los dólares hicieron milagros.

—Vale, pero que conste que yo no le he dicho nada… En su ficha solo consta que es profesora de yoga, vive en España, en Gerona, es soltera, y nada más.

—¿Nada más, seguro…?

—Bueno, me la estoy jugando con el jefe. Pero tenga esto…

Se volvió de espaldas, pero, un instante antes, su mano regordeta dejó caer disimuladamente sobre el mostrador, un papel con un número de teléfono. Era suficiente.

A los dos días finalizo mi estancia y volví a mi país, a mi trabajo, y a la rutina de siempre. Pensé que el olvido podría ser una buena terapia para muchas cosas, pero guardé en mi agenda aquel papelito con un número.

Un año después…

Era un caluroso domingo de agosto. Aquel día había pensado ordenar un poco el cajón donde guardaba las fotos de mis recientes viajes.

Empecé por las del viaje al Mar Muerto, ordenándolas por fechas. En casi todas aparecía Cristina con su figura escultural, su larga melena ondeando al viento, y, sobre todo, su increíble frente, despejada y altiva, como una figura de la corte de Luis XIV y, entre ellas, aquel papelito con un número de teléfono.

De pronto, me invadió algo parecido a una curiosidad morbosa y me acerqué al teléfono, marcando aquel número sin saber del todo por qué lo hacía.

La respuesta fue casi inmediata.

—Dígame.

—Perdón, ¿eres Cristina?

—Sí, ¿con quién hablo?

—Soy Carlos, el del café del Mar Muerto. Hace un año, ¿recuerdas?

El silencio duró unos pocos segundos, y la voz sonó ahora más fuerte y contrariada.

—La verdad, no lo recuerdo. Tu debías ser uno de aquellos que pasaban de las aguas y hacían muchas preguntas. ¡Hace tanto tiempo!

—Perdona —continuó— pero ahora estoy muy ocupada. He de acompañar a mis hijos al colegio, mi marido no puede hacerlo hoy. ¡He de colgar!

Su voz no había variado en absoluto, pero era otra mujer. No obstante, quise insistir un poco y volví a llamar.

—Bueno, bueno, perdona otra vez —dije—. Solo quería saber cómo estabas.

Noté claramente que la voz se volvía opaca, como si alguien tapase con la mano el micrófono, pero distinguí en la lejanía un esclarecedor coloquio familiar:

—Perdona cariño, ya cuelgo.

Otra voz, masculina, seca y airada, le contestó:

—Vale, vale... ¿quién era?

—Nadie, un tipo pesado que quería colocarnos un seguro de vida. ¿Ya están arreglados los niños?

Yo también colgué el aparato, y permanecí un rato pensativo jugando con un abrecartas recuerdo de Cancún.

La imagen líquida de Cristina fue desapareciendo como una foto mal revelada, hasta que no quedó nada.

Entonces mi mente se trasladó, entre densas brumas, a las aguas saladas de aquel mar, un mar donde los peces no pueden vivir y los hombres no pueden sumergirse.

«¡No pienso volver!» Me dije en voz alta, y volví a seleccionar unas cuantas fotos con vistas panorámicas, mientras todas las demás se apilaban, sumisas y derrotadas, junto a mi triturador de papeles.

5

¿Las relaciones humanas?

Transcurrían los últimos años sesenta y el franquismo se acercaba a su fin, esperando lo que se llamaba eufemísticamente «el hecho biológico» en referencia a la muerte del dictador.

Este relato refleja las cosas tal cual eran en el mundo laboral, dentro de un agónico sistema llamado «relaciones humanas». Es una anécdota un tanto jocosa, representativa de la cara del paternalismo más fariseo imperante entonces, que recuerdo bien porque constituyó un contrapunto en mi manera de pensar.

Don Pedro era el presidente de aquella prestigiosa compañía. Era un hombre de profundas convicciones religiosas, muy inteligente, por supuesto, hábil maniobrero en los temas laborales, y demagogo consumado, amén de un promotor de ridículos concursos de paellas y sardanas entre el personal de «la casa», que tenían lugar en un merendero.

Entre sus empleados, Justiniano, Justo para todos, era una institución. Aragonés, empleado modelo, campechano, tenía fama de hablar muy claro, y era un gran defensor de los derechos laborales, desde su puesto de presidente del Jurado de Empresa. Se le consideraba un gran benefactor de los trabajadores y de sus reivindicaciones, pero siempre «dentro de un orden». Cuando alcanzó la edad de jubilación se organizó la típica cena homenaje de despedida con sus compañeros y directivos de la casa, en un conocido restaurante, habitual para estos casos. Con la exclusividad de que, en esta ocasión, asistiría el presidente.

Al llegar la hora de los postres, y como era de esperar, el presidente pronuncio unas palabras. Hablo con convicción, despacio y sonriente (eso lo hacía muy bien) y concluyó con un gesto esperado por todos: le entregó a Justo el clásico reloj de muñeca con el anagrama de la empresa, las iniciales del homenajeado y la fecha de su jubilación.

Al recibirlo, Justo le miró detenidamente antes de contestarle. Resaltó algunos momentos de su vida laboral, aprovechó para plantear algunas reivindicaciones pendientes, y nos sorprendió a todos con un golpe de efecto no previsto:

—Sr. Presidente, le agradezco sus palabras. Creo que ha sido un buen presidente para los tiempos que corren, y sé que si no ha hecho más por sus empleados es porque no ha podido o no le han dejado.

—Me voy feliz y agradecido por este reloj —continuó— aunque también sé que nunca podré llegar a tener uno de oro, tan espléndido como el que lleva usted puesto…

En aquel momento, el presidente, movido por un momento de máxima inspiración demagógica, se levantó y volvió a hablar:

—Justo, amigo mío, hombres como usted hay pocos, son los que necesita la empresa y España. Le ruego que acepte mi reloj a cambio del suyo. De verdad me sentiré muy honrado de poder llevarlo…

Hubo aplausos, aunque también, algún susurro socarrón entre los más jóvenes.

Al acabar el evento, el presidente se dirigió a mí con un gesto de estudiada complicidad:

—Venga conmigo, por favor. Le acompañaré a casa en mi coche y así hablaremos un poco.

Durante el recorrido, el jefe se sentía satisfecho y orgulloso cuando me formuló la pregunta, que ya esperaba:

—¿Qué le ha parecido el detalle del reloj? Simpático e inteligente, genial… ¿verdad?

Sabía que me podía jugar mucho con una sola palabra. Busqué alguna que no fuese muy asertiva, y le contesté sin mirarle:

—Espectacular, espectacular, Don Pedro…

Pronto estuvimos frente a mi casa. Cuando salí del Mercedes el presidente se asomó por la ventanilla a medio bajar y me dijo:

—¡Ah! Se me olvidaba… Mañana quiero en mi despacho otro Rolex de oro como el mío, o un modelo superior si ya ha salido.

Cuando pasen unos meses le devuelvan el suyo al empleado, diciéndole que ha sido un honor llevarlo, en fin, lo que le parezca oportuno... Por supuesto, que lo carguen a gastos de representación. Buenas noches y gracias por todo.

Años más tarde supe por un compañero que Justo había fallecido; sufría un cáncer de colon, mal tratado, que degeneró en una peritonitis y un fallo renal definitivo.

Decidí ir a su casa para despedirme de aquel hombre honesto y tenaz.

La mortaja era un traje negro, bien planchado, seguramente el que llevó el día de su jubilación, pero me di cuenta de que su muñeca rugosa estaba desnuda, sin el reloj de oro.

Antes de despedirme de la viuda, reparé que, en el centro de la vitrina del sencillo comedor, junto a una reproducción de la «Pilarica», y una foto amarillenta de un Justo joven y sonriente, estaba el famoso reloj.

Su viuda, intervino al notar mi curiosidad por el:

—Creo que tiene mucho valor. Fue un gesto del presidente. No ha venido, pero su secretario nos ha mandado una tarjeta... De todas formas, Justo nunca se lo puso, prefería llevar el de siempre, aunque la correa ya estaba muy vieja y se le caía. Es el que le regalé cuando nos casamos. Ahora lo guardo yo como un tesoro...

Y rompió a llorar.

Cogí el reloj por un instante para observarlo. Estaba parado, bastante sucio, y me pareció hortera y anticuado. En el reverso se leían las iniciales del presidente, con el *ilustrísimo* delante, y una fecha que no me recordaba nada. Se lo devolví añadiendo:

—La entiendo, la entiendo.

Al marcharme tenía un regusto raro en la boca, y le dediqué al fallecido un postrer recuerdo.

Imaginé que, en sus últimos años, había disfrutado de una luz más clara iluminando su noble interior, y que su intuición le impulsó a no llevar aquel reloj de oro en el tránsito hacia el más allá, donde las «relaciones humanas» deben ser algo muy distinto.

Quizás siempre quiso devolvérselo al presidente…

Seguí caminando, mientras caía una fina lluvia que limpiaría un poco la atmósfera, y sonreí satisfecho.

6

La mortaja del Tío Perico

Mi madre era un pez. A sus ochenta años era un auténtico pez, no un pescado (cosa muy distinta). El pez es vida, inquietud, movimiento incesante. El pescado es la muerte.

Sus ojillos, brillantes y maliciosos, giraban en todas direcciones dentro de sus cuencas profundas, sin perderse ningún detalle de lo que sucedía a su alrededor. Su cara llena de arrugas simétricas, ligeramente brillantes por el uso de una crema reafirmante, eran las escamas que lucía con dignidad, mientras que su peluca rizada de color ceniza le confería el halo de un pez en la plenitud de su existencia, deslizándose con agilidad entre las aguas turbulentas de la vida.

Eterna sufridora de una «artrosis indefinida», compaginaba sus dolores con un sentido muy positivo de la vida. Solía llevar pantalones, algo muy avanzado para aquellos tiempos, y le agradaba la compañía de «los jóvenes», huyendo de recriminaciones hacia éstos y captando su atención con anécdotas y aventuras de sus tiempos mozos llenas de ironía y una gesticulación casi teatral.

Tenía una memoria prodigiosa para su edad, que administraba con total cautela, sobre todo si se hablaba de su apasionante y convulsa mocedad. De aquellos episodios, dignos de la mejor de las novelas, en los que la muy Noble e Imperial Tarraco fue testigo de su increíble historia de amor: huir del hogar paterno con tan solo dieciocho años, en las sombras de la noche y con un «señor casado», cruzar los vastos mares a bordo de un carguero, vivir con él en la lejana Cuba unos años, tener un hijo, y luego residir en París durante diez años…

Eran los tiempos de su más temprana adolescencia, en los que debía ser una jovencita muy guapa, avispada y vivaracha, que se crió feliz en el seno de una familia numerosa, burguesa y tremendamente convencional. Todo ello pasó mucho antes de que volviese a su país (fallecido ya el intransigente patriarca), se enamorase de mi padre, un soltero y reconocido pediatra que cuidó de su hijo enfermo, cerrase su turbulento pasado, se casase con él «como Dios manda», y yo viniese a este mundo en pleno *nacionalcatolicismo*, arropado por la injusta y forzada paz de los vencedores.

Algunas tardes de domingo, en la sobremesa de los tocinillos de cielo y el Anís del Mono para ella, el coñac Carlos I, el café y el Habano para mi padre, la forzábamos un poco (sabíamos que en el fondo le encantaba), para que nos explicase la famosa y socorrida historia del Tío Perico…

El Tío Perico era hermano de su padre y por tanto también un personaje muy singular. Bajito, cuellicorto, adusto, de físico fuerte y carácter enérgico. Constantemente malhumorado por el hecho de solo haber tenido hijas y ningún varón, y obsesionado hasta límites increíbles en su afán de ahorrar al máximo; cuidando siempre de no despilfarrar ni un solo céntimo en el seno de su resignada familia. Todo ello a pesar de que la marcha de su renombrado taller de ebanistería (dirigido con mano de hierro), hacía presumir claramente que debía acumular una respetable fortuna para aquellos tiempos.

Dentro de este panorama transcurría su vida. Del trabajo a casa y de casa al trabajo, entre constantes reconvenciones y medidas de total austeridad, fruto de su obsesión por frenar cualquier teórico gasto superfluo de su prole (y el de la sociedad en general, que no entendía los frutos del trabajo y el esfuerzo), hasta que un día se sintió seriamente enfermo.

Al principio se negó a consultar a los médicos porque eran muy caros y «no sabían nada de nada». Él conocía perfectamente su cuerpo, sus síntomas y sus remedios caseros «de toda la vida».

Siempre había tenido una salud de hierro y aquellos retortijones persistentes podían arreglarse con unas hierbas, una dieta estricta (la idea ya le encantaba por lo que tenía de economía) y seguir trabajando como si nada ocurriese (el trabajo lo cura todo). Pero la cosa no mejoraba, iba de mal en peor y, finalmente, a regañadientes consultó con un médico conocido de la familia que no le cobraría nada porque le había hecho los muebles del comedor hacía unos años

Aunque en aquellos tiempos la medicina no estaba tan avanzada, el diagnóstico fue contundente y funesto… El Tío Perico tenía «un mal feo» (un cáncer diríamos hoy) en el colon, en estado muy arraigado que afectaba en gran parte al hígado, y las posibilidades de curación eran prácticamente nulas.

Procuró mantenerlo oculto hasta cuando pudo, pero un día no tuvo más remedio que postrarse en el lecho a causa del dolor. Su carácter empeoró notablemente (si es que aquello era posible), y culpaba a todo a todos de su enfermedad (mala preparación de los alimentos, demasiados condimentos y excesivas preocupaciones).

Aprovechaba, además esta desgraciada circunstancia para recomendar con mayor encono las virtudes del ahorro, del ascetismo total, y amenazaba con su maldición desde el más allá si no se seguían sus recomendaciones al pie de la letra, tal como él las había dictado hasta ahora.

Un domingo por la mañana se confesó en su lecho y recibió los Santos Oleos (era creyente practicante, aunque, a veces, criticaba la Iglesia por su excesiva ostentación). La entrevista con el párroco duró muy poco. Al acabar el sacerdote salió sonriente y feliz, seguro de haber entregado otra alma al todopoderoso en perfectas condiciones. Posiblemente en el repertorio de sus pecados capitales, la lujuria, la gula y la pereza no habían tenido nunca cabida, y la ira y la avaricia debían ser consideradas por el Tío Perico más como virtudes que como otra cosa. ¡Tal como estaba el mundo!

Cuando el capellán se despidió de la familia, pronunció un solemne: «Está preparado… Avísenme cuando llegue el momento», y alargó la mano para que la besasen la mujer y las hijas alineadas en perfecto estado de sumisión. Todas comprendieron que aquél era el verdadero final.

Al acabar su breve preparación frente al más allá, el Tío Perico convocó enseguida una pequeña reunión de los suyos para tratar con ellos un tema importante.

—Ahora ya estoy en paz con Dios, les dijo, pero no quiero irme sin que me escuches bien y me prometáis una cosa…

Las lágrimas contenidas de su familia se distribuyeron alrededor del lecho, ocupando la esposa e hija mayor el lugar preferente (como debía ser), junto a la cabecera. Su mujer, que había pasado toda su vida creyendo que el destino natural de su sexo era sufrir y parir, se atrevió a hablar con voz queda, sumisa, acongojada, pero también un poco prevenida.

—No pienses en cosas raras… Sólo estate tranquilo y descansa un rato. No te esfuerces más, que ya has cumplido bastante en la vida. Nosotras te queremos mucho y estamos a tu lado. Siempre lo estaremos.

El Tío Perico, con la nariz afilada y un rictus especial en la boca, continuó hablando con más firmeza y autoridad que nunca.

—Bien, bien… ¡Esto ya lo supongo! ¡Más faltaría con todo lo que he hecho por vosotras! Pero dejad de llorar de una vez y tomad nota de mi última voluntad. Cuando llegue el momento, quiero que me vistáis con el traje negro a rayas… el de la hermilla con siete botones, el de las fiestas y las bodas… ya sabéis. Un hombre ha de estar correcto en estos momentos. ¡No se os ocurra comprar nada! Ponedme ese traje, solo ese traje. ¿Lo habéis comprendido? Es muy importante para mí… ¡Prometédmelo todas!

Su mujer retomó la palabra, en nombre suyo y en el de sus hijas, un tanto alucinadas y amedrentadas.

—Claro que sí. ¡Te lo prometemos! Pero no te preocupes por eso. Descansa un poco, y duerme un rato. Nos ocuparemos de todo…

Pasaron unos pocos días hasta que un sábado gris y desapacible, cuando estaba anocheciendo y había empezado a llover tenuemente, unas palabras inaudibles y un prolongado y siniestro silbido fueron el reclamo para que todas acudieran corriendo a su lado, comprobando que el esposo y padre de aquella familia correcta y respetada había muerto.

La verdad es que alguna debió suspirar, aparte del dolor, con algún sentimiento oculto de liberación…

Pero, continuaba enfatizando mi madre, ¡un padre siempre es un padre! Y se pusieron enseguida a cumplir su última y terrenal voluntad.

Sacaron del armario el traje negro con la hermilla de siete botones. Lo airearon para eliminar el olor a naftalina, lo cepillaron bien y se dispusieron a amortajar con él al Tío Perico.

Tras haberle quitado el pijama a rayas de franela e introducirle el pantalón, empezaron a colocarle con delicadeza la hermilla y la chaqueta. Al realizar esta delicada operación, su mujer notó algo raro, que le hizo detener en seco la penosa labor y exclamar:

—Pobrecillo, fijaros... ¡Cómo se le ha inflado el estómago! No le cabe nada... No se pueden abrochar la hermilla ni la chaqueta... Ayudadme, hijas mías, hay que apretar más...

—Entonces sucedió una cosa... ¡increíble, espantosa! —exclamaba mi madre, abriendo los ojos más que nunca, con una sonrisa contenida, disfrutando de la expectación conseguida en nosotros.

—¿Sabéis lo que pasó? Escuchadme todos bien...

Con el esfuerzo, se descosió la ropa por la parte de atrás, justo en medio de la espalda del difunto, y cuando lo ladearon un poco para arreglarlo mejor, empezaron a aflorar, como en un número del más macabro ilusionismo, ¡fajos de billetes de mil pesetas! Perfectamente empaquetados, prensados y ajustados con varias vueltas de gomas de oficina.

Aquello no paraba de manar. Uno detrás de otro, en la espalda, en la parte delantera, incluso en las hombreras y en las mangas... Ahora ya era todo un trasiego de billetes imparable que, con la rápida y concentrada ayuda de todas, se iban retirando y amontonando en la mesilla de noche... mientras unas manos nerviosas iban contándolos discretamente.

El asombro y la amargura debieron ser totales. El minucioso registro duró todo lo que fue necesario, hasta que la más pequeña de la familia, lista y desconfiada como todos los niños, en plena tarea de exploración y superando cualquier escrúpulo, rascó con una lima de uñas uno de los botones de la hermilla... Ya nadie se extrañó de su comentario, infantil, inocente y casi ilusionado:

—Mamá, mamá… mira los botones… ¡Parecen de oro… pintados con tinta negra por fuera!

Absolutamente todo se retiró y se guardó en varias cajas de zapatos, en un fúnebre inventario. Ninguna decía nada, pero las caras hablaban por si solas.

Pasado un buen rato, al Tío Perico lo amortajaron solamente con una sábana blanca, eso sí de las buenas, con su cenefa bordada, y con sus zapatos de charol, porque allí no encontraron nada.

Al cabo del tiempo se supo, por alguna indiscreción, lo que había sucedido aquella noche, mientras llovía, en un primer piso de una casa de la Rambla Nueva en Tarragona. Muy cerca de donde vivíamos nosotros, acababa diciendo mi madre.

—Os parece imposible, ¿verdad? ¡Tanto egoísmo y avaricia! ¡Quería llevárselo todo al cementerio con él! Sin pensar en los suyos…

Yo sonreía después de escucharla, mientras le hacía preguntas sobre si había cambiado la vida de aquella familia después de lo sucedido.

—Algo sí… algo debió cambiar. Solo sé que después vendieron el taller y luego, al hacerse mayores, cada hija se fue por su lado, excepto su mujer, que le sobrevivió veinte años y le recordó con cariño y gratitud, o al menos eso dijo siempre.

La vida sigue y uno procura olvidar las cosas tristes, aunque no siempre sea fácil…

Al decir estas palabras, mi madre cerraba los ojos y movía la cabeza como reflexionando con nostalgia sobre su pasado, pero enseguida continuaba:

—Una vez me encontré con Rita, la más pequeña, muy «bien casada» por cierto con un constructor y, naturalmente, no le hice ningún comentario de aquella historia. De las demás no he sabido nada. Parecía feliz con sus dos niños y su marido. Pero pensad que… ¡Todo esto solo os lo cuento a vosotros!

Al final de su relato, recuerdo que se escuchaba, grave y sentenciosa, la voz socarrona de mi padre, acomodado en su butaca de piel fumándose un Habano:

—¡Menudo cabrón, el tal Tío Perico! Se debía creer un Faraón…
Yo lo habría enterrado en pelotas… pero después de hacerle una
buena autopsia, por si acaso…

Luego añadía, sentenciando:

—Seguro que hay más de un Tío Perico por ahí, que hace lo
mismo con más inteligencia, y la gente no lo sabe…

Y acababa, filosóficamente, mientras apuraba su copa de coñac:

—A mí, desde luego, ponedme solo la bata blanca de la consulta,
limpia y bien planchada, y dejadme descansar en paz. ¡Porque,
aunque busquéis mucho…!

Más allá del credo, del color y del lenguaje,
cada uno recogerá lo que ha sentido,
y lo que ha amado.
Solamente eso.
Y nada más.

(Poemario del autor)

7

Un Libro de Familia
Un Libro de Familia del año… 1924
¡Alucinante!

A ntes de empezar, una pequeña referencia histórica.
En 1924 reinaba Alfonso XIII (1886-1931). La posición neutral de España en la Primera Guerra Mundial favoreció el crecimiento económico, pero la posterior agitación social y el fracaso en consolidar gobiernos hicieron que, a finales de 1923, Miguel Primo de Rivera encabezase un golpe militar que tenía el apoyo decisivo de la Iglesia católica, esforzada en controlar el mundo educativo, de tal manera que Don Miguel llego a ser considerado «el restaurador de la monarquía cristiana». (*A mí no me borbonea nadie*).

En 1931 los partidos de izquierda lucharon unidos contra la monarquía, obteniendo el triunfo en las elecciones, y el rey, para evitar una guerra civil, abandonó el país.

Este breve resumen histórico pretende ayudar a entender el contexto los hechos en el año 1924, y la existencia del «Libro de Familia», documento necesario ya en aquel entonces.

Solo voy a destacar los pasajes más jugosos y alucinantes del mismo, omitiendo consideraciones personales, obvias por supuesto, que contrastan con los criterios imperantes en la vida moderna de nuestro estado aconfesional.

Estoy seguro de que producirán hilaridad, y sobre todo perplejidad, en muchos lectores, pero ahí estaban… Cuando en España no se había descubierto la pastilla anticonceptiva ni se hablaba del cambio climático o de los «ovnis», y no existían, por supuesto, la televisión, los ordenadores, ni el obsesivo e imprescindible uso de los teléfonos móviles.

Este ejemplar, cuyo original conservo, contempla en su primera página los datos de la edición: El *nihil obstat*, la autorización del censor, el visado del vicario general y «el mandato de su señoría.»

En la primera página leemos: «Familia de… parroquia y diócesis», para, seguidamente, dar paso a unas exhortaciones sobre el sacramento del matrimonio, y el registro de este.

De forma agorera, lo siguiente hace referencia al «Óbito de los esposos», en cuyos datos figura, sorprendentemente, «hizo su ultimo testamento a favor de…»

Siguen las hojas dedicadas a los hijos, bautizo, confirmación, primera comunión y, por supuesto, *murió el día…* El número de folios para los posibles hijos se repite hasta alcanzar un hipotético y optimista número de… ¡doce vástagos!

A partir de aquí, entra en el contenido ideológico, con diferentes capítulos y subcapítulos.

Sugiero al lector leerlos con calma, y que no reprima ninguna expresión de asombro, como me ocurre a mi cuando los repaso, alucinando como si fuese la primera vez que lo hice.

Deberes conyugales

1. Mutuo amor
El amor conyugal ha de ser verdadero, constante y ordenado como el que existe entre Cristo y su Esposa la Iglesia. Pecan contra este juramento de amor los casados que se odian uno a otro, los que se ofenden con palabras de menosprecio, los que afligen con los celos, con tratos duros, o con murmuraciones.

2. Mutua ayuda
El marido está obligado a procurar alimento, vestido, habitación y todo lo demás de necesidad a la mujer, según su posición social, y a tratarla, no como a una criada o sirvienta, sino como a compañera de su vida, igual a él. La mujer tiene el deber de cuidar de la buena administración del hogar, con dependencia del marido, procurando el buen orden en la alimentación y el vestir. Marido y mujer han

de ayudarse, soportándose los defectos de carácter y las molestias de la vida en común

Pecan contra esta obligación los casados que malbaratan sus caudales en juegos, diversiones y vicios, dejando al otro consorte en la pobreza y la miseria. El marido que no destina de su sueldo, jornal o rentas, lo necesario para la vida matrimonial, y la mujer que gasta o retiene sin consentimiento del marido.

3. Cohabitación perpetua

Los casados deben vivir en la misma casa, comer en la misma mesa, y reposar en el mismo tálamo nupcial. Es lícito al marido ausentarse breves temporadas de su casa, por negocio u otras causas honestas, previo aviso a la mujer. Y es igualmente lícita a esta la breve ausencia, con el permiso del marido. Pero está prohibido a uno y a otro separase largo tiempo, lo mismo que divorciarse, antes de la sentencia del tribunal eclesiástico.

Peca gravemente contra el derecho de cohabitación: el marido que vive en distinta casa que la mujer, o le da trato inferior en la mesa y en el tálamo, o pasa las noches fuera, sin causa justificada.

Es obligatorio para un cónyuge acceder a la petición del otro cónyuge, si no existe causa justa y grave que le dispense de este débito. Son pecados gravísimos contra el acto conyugal el onanismo, la sodomía, la esterilidad voluntaria y otros. Estos pecados atraen grandes castigos de Dios, aún en esta vida, contra los culpables: enfermedades, muertes prematuras, y desgracias de familia. Son una verdadera plaga social. No excusa semejante abominación ni la falta de salud, ni la pobreza, ni la numerosa prole.

Otro pecado gravísimo contra la fidelidad conyugal es el adulterio. Dios castiga severamente tan nefasta iniquidad que en la ley mosaica se pagaba con la pena de muerte.

Cuantas rencillas y discordias se evitarían si la mujer vistiese con más modestia y dejase de asistir a ciertos espectáculos.

4. Deberes con los hijos

Pecan contra la piedad los padres que tienen odio a algún hijo, los que los maldicen, o los que posponen injustamente uno a otro. También pecan los que descubren defectos ocultos de los hijos, o los maltratan de palabra o de obra, castigándolos contra toda justicia.

5. Educación corporal

El padre, y especialmente la madre, ha de cuidar de la vida y salud de los hijos. Ha de nutrirlos con su propia leche, después de nacido y no entregarlos a nodrizas alquiladas... Ha de evitar con el niño duerma en el mismo lecho, por el peligro de ahogarlo. Pecan contra la educación corporal los padres que provocan o no evitan el aborto, rehúyen las molestias de la lactancia o los llevan al hospicio, sin grave necesidad, los que los alimentan con exceso o con miseria, los exhiben medio desnudos o los obligan a dormir amontonados...

Han de apartar de ellos toda mala compañía, libros o periódicos impíos y pornográficos, cines o espectáculos inmorales, bailes y diversiones peligrosas...

6. Los criados

Han de ser tratados benignamente, alimentándolos como es debido, no imponiéndoles trabajos superiores a sus fuerzas, y no reprimiéndoles con palabras injuriosas. Se les ha de dirigir por el buen camino, procurando que asistan a misa, frecuenten los sacramentos, se aparten de los lugares peligrosos y dejen los malos hábitos como la blasfemia y el juego.

7. Los enfermos

A la esposa le corresponde hacer de enfermera.

Cuando la enfermedad es grave, hay obligación de procurar salvar al enfermo, aunque los médicos y las medicinas exijan importantes dispendios, pero no se viene obligado a llamar a médicos carísimos, ni operaciones que requieran grandes sumas, imposibles para una familia modesta.

8. Respecto a los superiores

Se debe obediencia a las leyes justa. Reverencia y respeto por la autoridad que representa, y la aportación de nuestro concurso cuando se ha de defender la patria. Cuando la forma de gobierno se basa en elecciones populares, el ciudadano está obligado a emitir su voto, eligiendo al candidato que, en su concepto, sea bueno para el cargo, e impidiendo con su sufragio la elección del malo.

Para completar el contenido de este relato, me he permitido el lujo de comentar el original de una «indulgencia de cien días» decretada en Zaragoza en el año 1919, en favor de mi abuelo Tomás Fajardo.

Primero es de destacar el larguísimo, petulante e increíble encabezamiento de esta:

Nos, Dr. Don. Juan Soldevilla y Romero. Arzobispo de Zaragoza, Caballero Gran Cruz de la Real y distinguida Orden de Carlos III, de la Americana de Isabel la Católica y de la Sagrada Militar Pontificia del Santo Sepulcro, Senador del Reino, Predicador de Su Majestad y de su Consejo, etc, etc.

¡Atención al *etc*! ¡Menudo relumbrón el tal Soldevilla!

Seguramente mi abuelo debió alucinar al recibirla, como alucino yo cuando vuelvo a verla…

Otras «perlas» del documento son las advertencias sobre la publicación de la esquela en periódicos anticlericales (menuda obsesión) que *dejarían sin valor alguno la gracia otorgada...* así como *la súplica de una limosna absolutamente voluntaria para el Dinero de San pedro (¿).*

¡Sobran los comentarios!

8

El Observador Astral*

Anoche tuve un sueño. No fue un sueño como el de Martin Luther King en Alabama, años antes de que lo asesinaran defendiendo las libertades. Fue menos trascendente, pero me hizo sentir muy inspirado al relacionarme con una de las pasiones que alimento, siempre que puedo: la poesía.

Cuando me acosté aquella noche estaba algo cansado, pero pronto atravesé ese estado fronterizo entre lo consciente y lo inconsciente. En aquel estadío tuve una conversación telepática con un ser único, al que llamé «Observador Astral». Utilizaba un lenguaje que se introducía en mi cerebro sin necesidad de palabras. Por supuesto, no lo veía físicamente, pero lo sentía con claridad. No transmitía emociones ni dudas, y utilizaba expresiones cortas, algo que también suelo hacer yo. Su trato se me antojó muy afectuoso.

Afirmó que se había encontrado con un panorama desolador, y pensé que, si su avanzado mecanismo cibernético le hubiese permitido tener nuestros sentimientos, se habría horrorizado. La creciente serie de calamidades que asolan nuestro planeta le parecía pavorosa: guerras, fanatismo, miseria, hambre, injusticias, intolerancia… y mucha ignorancia. Añadió que, llevado por su ansia de conocimiento, había encontrado unos pocos puntos en los que los humanos se reunían, escuchaban música, reían, e, incluso, parecían comprenderse entre ellos. Entre aquellos pocos puntos, había

---

* Este relato, de corte netamente esotérico, pretende demostrar que algunos sueños pueden resultar muy agradables y propicios a nuestras aficiones más nobles. A veces recorren las cimas de la cordillera del mundo fantástico que tenemos en nuestro interior. Lo he titulado: «el observador astral», y he procurado realizar una transcripción lo más exacta posible, de la memoria a mi ordenador, desde el momento en que lo guardé, nada más despertarme, para evitar que se perdiera en la bruma del olvido. Espero que sea de vuestro agrado o, al menos, que os distraigáis con su lectura.

descubierto que algunos humanos se expresaban con un extraño lenguaje, lleno de cadencia y melodía, que llamaban «poesía».

Le resultaba difícil comprender el significado de aquel vocablo.

En sus avanzados registros de datos sobre nosotros, tenía anotadas unas definiciones extraídas de lo que creía era el mejor compendio de la teórica sabiduría humana: se trataba de unos gruesos volúmenes de papel que llamábamos «enciclopedias».

Pero, a pesar de estar documentado, se le hacía imposible precisar lo que significaba aquel vocablo, la poesía, casi tanto como otros: amor, nostalgia, alegría, poesía…

Noté en mi interior que me inquiría sobre el tema, y tuve que reprimir el deseo de articular sonidos, sabiendo que eran innecesarios para mi interlocutor, pero percibí su espera, lúcida y paciente.

En mi estado, algo somnoliento, me atreví a susurrar:

—Creo que la poesía es algo que florece, que surge de una forma natural desde una predisposición de ánimo que solo tienen algunos humanos. Con ella, hay que liberarse de las miserias que nos rodean, con un ejercicio de espiritualidad, gozando, muchas veces, de los deleites de la soledad…

Solo deseaba trasladarle que la poesía expresaba sentimientos, emociones intensas, más allá de las técnicas de la rima fácil, y, que lo importante era emitir un mensaje para poder compartirlo con otros semejantes, evocando recuerdos, ideales, esperanzas…

No sé si me entendió. En cualquier caso, no percibí ninguna vibración negativa, y, por eso, en mi interior, la inquietud había cedido ante la calma, cuando se me ocurrió continuar con alguna breve referencia que haya querido abordar la definición de poesía.

Le recité un poema que me pareció apropiado dada su condición de Observador Astral:

Las palabras de la poesía
son hijas del conocimiento.
Instrumentos del sentir.
facultad humana que exalta el alma.

Burbujas del sentimiento
a punto de estallar.

Si hubiese podido verle, quizás hubiese notado su reacción tras el corto poema, pero el contacto telepático se interrumpió súbitamente. El silencio lo invadía todo. Me asusté al pensar que aquella asombrosa conexión hubiese finalizado.

No sé si me desperté o volví a dormirme, pero, en la oscuridad de mi habitación, las horas se sucedieron envueltas en una paz astral absoluta. Lo único que lamento es no haber podido, o sabido, plantearle ninguna pregunta más a este extraño ente, que fuese real o fruto de mi subconsciente, se mostró tan interesado en la palabra y el significado de la poesía.

Ahora, recuerdo que, cuando era pequeño, me preguntaba a menudo si los sueños pueden hacerse realidad. Con el paso del tiempo creo que, efectivamente, puede ser así.

Por eso no renunciaré nunca a mis sueños.

El futuro pertenece a aquellos que creen
en la belleza de los sueños.
ELEANOR ROOSEVELT

La posibilidad de hacer un sueño realidad,
es lo que hace interesante la vida.
PAULO COELHO

9

Paula y el Tarot*

Hace ya algunos años conocí a Paula. Tiraba las cartas en un bareto al que voy a menudo por dos razones: está cerca de mi casa y, a veces, una pareja interpreta tangos muy auténticos cargados de sabiduría, nostalgia y sentimiento.

Hacía calor y me apetecía tomar un whisky con hielo después de haber tenido un día bastante insulso. Nada más entrar, me di cuenta de que el local tenía una nueva atracción. Junto a la puerta se había instalado una mesa redonda cubierta por un tapete verde. Sobre la mesa un letrero, pequeño y coqueto, anunciaba: «Paula-Tarot».

Tras ella, una mujer frente a una baraja de cartas.

Me apeteció llenar un poco aquellas horas imprecisas y me acerqué para que echase un vistazo a mi futuro.

Paula me pareció una mujer simpática, extrovertida, que realizaba su tarea de pitonisa sin aspavientos. Menuda, sin ser una mujer guapa me pareció resultona. Sus ojos vivaces y profundos inspiraban confianza; su cabellara larguísima era de un negro azabache y de sus orejas pendían unos portentosos aros de metal con unos caballitos dorados colgando.

Enseguida destacaban sus enormes senos, tersos y lustrosos, como dos globos blancos con los que juegan los niños, y, aunque

---

* El Tarot fue originalmente conocido como *tarocchi* o *tarocks*, utilizado desde mediados del siglo xv en muchas partes de Europa. A finales del siglo xviii ocultistas franceses hicieron estudios sobre la historia y significado de estas cartas, lo que impulso el desarrollo del Tarot. Hoy en día existen cientos de juegos de alto nivel social, que siguen teniendo mucha aceptación en determinados sectores afines a esta rama de la cartomagia. Este relato, ocurrido en un bareto de Barcelona, en el Raval, hace referencia a la oscura personalidad de una mujer qué conocí, implicada de lleno en el controvertido mundo del Tarot.

parezca paradójico, un poco más abajo su cintura era muy estrecha, ajustada con un cinturón rojo que se concentraba en una hebilla metálica y un signo cabalístico que no pude interpretar. Fumaba pitillos negros sin filtro, que aplastaba en un cenicero amarillo con la forma de un gato dormido.

Hablaba sin mirarme y movía las cartas con maestría, al empezar su particular diagnóstico:

—En el fondo eres bastante vulnerable, y de vez en cuando necesitas retirarte de este mundo. No has tenido ni veo futuras dificultades económicas.

—Veo varias mujeres en tu vida —prosiguió—, una morena con el pelo muy corto, una extranjera pizpireta muy sexy, y otra con melenita muy rubia y ojos azules.

—Tu obsesión —dijo— es pensar demasiado en el pasado, buscando el equilibrio, y esto te altera y te causa problemas de salud. Ahí lo pasaras bastante mal, tendrás sustos importantes a nivel del corazón. Te recuperarás, pero te quedaran algunas secuelas ¡Cuídate!

Cuando acabó de tirar las cartas y relatar sus conclusiones, no del todo optimistas, lo reconozco, quiso distender un poco el resultado, y me comentó que aquella noche había poca gente. Propuso que charlásemos un rato.

Me explicó que notaba muy buenas vibraciones en su rincón, tenía varios clientes fijos y entre ellos algunos políticos muy importantes, aunque no los citaba por discreción.

Añadió que yo le parecía una buena persona, sin perjuicios, que podía entenderla, y empezó a hablarme de sus cosas…

Tenía un novio que estaba entre rejas, pero, últimamente, lo habían trasladado a un psiquiátrico, no sabía muy bien por qué…

Le seguía queriendo, aún le deseaba, y le comprendía. Le visitaba un día a la semana, hacían el amor en una habitación pequeña y limpia, con todas las fantasías que él le pedía, y añadió, suspirando, que su risa mordaz y sus ojos pardos y alargados como los de un felino, eran lo mejor de él.

Después, me ofreció un colgante de ámbar para que lo sujetara en la mano y me trasmitiera energía, cuando lo necesitara.

—Creo que lo necesitarás…

A pesar de mi insistencia, no quiso cobrarme nada.

Fue entonces cuando me rogó que le dejase leerme en voz alta la última carta de su novio, y acepté.

La llevaba entre los pechos, enrollada dentro de la funda de cristal de un cigarro habano, guardada como un tesoro.

La carta, escrita a mano, tenía un estilo muy peculiar, y denotaba un fuerte estado de excitación, con trazos brillantes, inclinados hacia la izquierda, y profusión de mayúsculas grandes y redondeadas, como si fuesen extraños dibujos.

Seguidamente, sintetizo cómo se expresaba su novio en la curiosa misiva:

«Laura mi amor, hoy quiero que sepas lo que siento. Siento que de día todo es mentira, y que solo de noche todo es auténtico y verdadero. De día solo veo amenazas, prisas, ruidos y dolor. Los semáforos se disfrazan y me espían sin parar. ¡Parecen extraterrestres!

»Me siento perseguido, todo está vigilado o cuesta dinero… La ciudad me da asco, huele a plástico, a gris, a mierda, a hierro oxidado… ¿entiendes? Prefiero ver a una vieja con muletas sonriendo por la noche, o a una puta fumándose un porro y aireándose los bajos.

»Laura, amor. Por la noche oigo músicas. A veces salto por encima de los coches aparcados para oír como crujen. También pinto en las paredes a mis amigos con sus ojos saltones…

»Aquí dentro me llaman perturbado, extraviado, loco de la noche. Cada día un tipo ridículo con gafitas y corbata estrecha me visita y me pide que dibuje en un papel lo que pienso, pero… ¡No se los voy a regalar! Laura, yo soy así, y te quiero…»

No hubo comentarios cuando se acabó la carta. La verdad, tuve que reprimirme un poco antes de dar mi opinión respecto a lo que pensaba de aquel personaje. Entendía por qué lo tenían recluido donde estaba… pero Laura estaba iluminada, contenta, buscando mi complicidad con sus ojos.

Cuando me despedí de ella, me besó en la mejilla y me susurró al oído:

—Cuando vuelvas por aquí, tomamos una copa y seguimos charlando ¿vale? ¡Que seas feliz, cuídate mucho!

Hace pocos días he vuelto al bar y no he encontrado a Paula. Me dijeron que ya no trabajaba allí porque ya habían liberado a su novio, y se marcharon a un pueblecito de Noruega, o algún lugar muy lejano…

Reparé que aún seguí allí la mesita con el tapete verde, donde ahora una mujer gruesa, con una peluca rubia mal colocada, se sentaba frente a una baraja. El letrero sombreado toscamente con un rotulador, decía:

«Se tiran las cartas-Tamara.»

La mujer se recostaba indolente sobre una silla, mientras bebía de una jarra de cerveza. La imagen me pareció bastante deprimente, pero, sin embargo, me acerqué y le pregunté por Paula:

—¿Quién dices? ¿Aquella loca del novio pirao? No tengo ni idea…

—¿Qué quieres: amor, dinero o salud? Si quieres las tres cosas te haré un arreglo…

Le dije que ya pasaría otro día. Acabé mi Cardhu y me marché sin usar sus servicios.

A mí me gustaba Paula, sus pitillos negros, su mata de pelo desordenada, su colgante de ámbar que irradiaba energía y, sobre todo, las historias de su novio…

Me hubiese resultado interesante hablar un rato con él, preguntarle por sus «experiencias» nocturnas, poder observar sus dibujos… Lamento no saber su nombre. No lo pregunte, ni Paula me lo dijo nunca.

Quizás algún día volverán del frío. Allí las noches deben ser muy aburridas.

Me gustaría invitarles a unas copas y que Paula me vuelva a echar las cartas.

¡A lo mejor han cambiado sus previsiones agoreras sobre mi salud!

De momento, llevo su colgante encima, y la busco a través de las cristaleras del bar, por si acaso…

10

El viejo Conde

Este relato corresponde a mi época de director general de *La Vanguardia*, cuando presidia este prestigioso diario Don Carlos, «el viejo conde», como le llamaban cariñosamente.

Realmente era un personaje muy inteligente y singular.

Vivió siempre como un rey. Manejaba los datos de su empresa con dos simples hojitas verdes, donde resumía con exactitud sus beneficios, y jamás se metió en otros negocios del sector, ni en aventuras de ningún tipo.

Los trabajadores y empleados, incluso los más detractores de los esquemas aristocráticos y de las grandes fortunas heredadas, la gente de izquierdas, los comunistas (expresión utilizada entonces), decían de él que era «todo un señor.» Utilizaban este concepto en contraposición con el de «aristócrata», que consideraban sólo como el resultado de un «polvo» bien colocado, en el momento adecuado y con la persona adecuada, sin ningún mérito personal.

La coyuntura comercial, por aquel entonces, ya era muy agresiva. La competencia había iniciado la edición de unas páginas de publicidad, con el nombre genérico de «contactos.»

A partir de un momento dado, *La Vanguardia* consideró también la inclusión, en su tercer cuadernillo, de otra sección, llamada «anuncios por palabras,» Se trataba evidentemente de irse adaptando a la demanda cada vez más creciente de anuncios eróticos, de servicios sexuales sin censura de todo tipo, como ya hacían los demás diarios.

Pero la anécdota sigue realmente aquí:

Aquella mañana, Don Carlos me llamó a un ahora inusualmente temprana.

Estaba de pie, parecía agitado y su tono de voz ya era muy preocupante.

—¿Usted ha visto todo esto? Es inaceptable para un diario como el nuestro... Hoy lo he comentado con mi mujer y tiene que acabarse enseguida... ¿Quién lleva este asunto?

Mis explicaciones no debieron convencerle, porque inmediatamente requirió la presencia del director de Publicidad.

Por supuesto, se sucedieron las mismas recriminaciones y la orden tajante de suprimir la «sección», pero, antes de retirarse el atribulado directivo, el «viejo noble» se detuvo un momento y como quien no quiere la cosa le preguntó:

—Sólo por curiosidad... ¿Cuánto se factura con esta impresentable sección?

La respuesta fue inmediata:

—Unos sesenta millones de pesetas, el semestre pasado, y las previsiones para este año, rondaran los doscientos millones...

Entonces Don Carlos se paró en seco. Se giró mirando un rato los cuadros de sus antepasados, reflexionando, y acabó la reunión con una frase de colección:

—Parece mentira... ¡Cómo está el mundo! Bueno, de momento, la orden que les he dado queda en suspenso *sine die*... Ya hablaremos en otra ocasión, más adelante, más adelante... Pueden retirarse...

Como ya os imagináis, no se habló nunca más del asunto, y las páginas de «contactos» siguieron editándose a todo tren y con una gran rentabilidad.

Me quedan más anécdotas de aquellos tiempos.

Tiempos de transición en todo, de renovación constante, de «cambios de mentalidad.» El triunfo de las izquierdas no había sido ninguna sorpresa, y mucha gente, durante aquellas noches no conseguía dormir, unos por la alegría del futuro y otros por miedo al futuro.

Los medios de comunicación jugaron un papel muy importante, y *La Vanguardia* supo realizarlo con la habilidad «camaleónica» del viejo conde. Yo los viví, desde mi puesto, y, además, la redacción tenía un excelente director, porque el país, de repente, se llenó de «demócratas de toda la vida», y las editoriales continuaron sin mojarse nada, o muy poco, solo cuando el tiro era muy seguro. Más o menos como hoy en día…

Al acabar este relato, los recuerdos me llegan rápidamente, un tanto desordenados, aunque con imágenes muy claras. Un fuerte bloqueo me impide traspasar los últimos acontecimientos, ocurridos algún tiempo después de su lamentable muerte.

Fueron dolorosos, aunque, también recuerdo muy bien aquella frase de Don Carlos, «el viejo conde.»

«Mire usted, los disgustos enviejen mucho, y si ya no se puede hacer nada, es mejor pasar página.»

¡Cuánta razón tenía!

11

El Doctor* invisible (La Voz)
Así lo viví, y así lo cuento

Son la ocho de la tarde. Llevo media hora esperando la consulta con el Dr. X, y lo considero razonable tratándose de un médico de la Mutua Privada.

Tres personas comparten conmigo la salita:

Una mujer joven y atractiva con su hijo que no para de moverse y berrear... (detesto los niños que no paran de moverse y llorar, sin que las mamas hagan nada para que se callen).

Un chico con los tejanos raídos y los inevitables auriculares de su iPod, que mueve convulsivamente la pierna izquierda, mientras mira de reojo a la joven mamá.

Y una anciana obesa que parece dormitar emitiendo unos extraños silbidos, con los tobillos muy inflados, y su mano derecha descansando en un bastón ortopédico multiusos.

Observo que en la empuñadura hay una linterna, y algo que se parece a una sirena, que imagino de gran potencia, por aquello de «si le pasa algo.»

También estoy hojeando una revista hortera, de las llamadas del corazón, y, solo por hacer algo, reflexiono, bastante hastiado, sobre lo que estoy viendo:

En sus páginas abundan varios «reportajes»: fotos trucadas de pseudo artistas y modelos oportunistas, con las tetas operadas, que esperan ser reconocidas algún día; tipos náuticos luciendo increíbles tatuajes y tabletas abdominales; principitos haciendo monadas en la cubierta de algún yate que hemos pagado entre todos; también, destacado en portada, la imagen de un multimillonario

---

* He omitido el nombre del Dr. al que me referiré como X, por un poco de vergüenza ajena, y desde el respeto a la clase médica, con la seguridad, o al menos la esperanza, de que no existan muchos casos como este.

octogenario, con el cuello de la camisa muy duro para disimular las arrugas de su papada. Me imagino que llevará alguna prótesis oculta, mientras comenta que se siente muy feliz preparando su boda con una «ex miss» de turno, a la que le lleva más de treinta años, en un hotel de su propiedad. Por su parte, ella, con tres hijos de otra relación anterior, manifiesta, en exclusiva cómo no, que lo que más le importa es el amor, que su novio es un encanto, que se lleva muy bien con sus hijos, que el hombre esquía, hace surf, está como un toro, y se siente más feliz que nunca. Vaya chorrada… ¿Y a esto le llaman periodismo? Qué pena me da…

En la sala de espera solo hay revistas como esta, y todas llevan, por supuesto, el clásico folleto sobre dietética y belleza, ensalzando la dieta mediterránea, con gran cantidad de publicidad recurrente financiada por las marcas de siempre. Ya estoy acostumbrado.

Miro el reloj, cuando, de repente, la voz atiplada de la enfermera del mostrador me sobresalta un poco:

—El señor… (pronuncia mis dos apellidos, omitiendo el acento en el segundo) ¡ya puede pasar!

Tras un escueto letrero, con la palabra Información, aparece el rostro de una mujer rubia, con lentes bifocales caídas sobre la nariz, la mirada cansina, y un boli entre sus dedos regordetes. Parece bastante harta de su ocupación.

—Primer pasillo a la derecha. Puerta cinco. Dr. X…

Al entrar, lo primero que me impacta son las reducidas dimensiones del despacho y las paredes vacías. No hay certificados, ni orlas de promoción, ni esquemas del aparato digestivo en colores… nada. Solo un pequeño letrero de cartulina con el nombre del Dr. X.

Creo que es el típico despacho compartido por horas con otros facultativos de la mutua, pero lo más curioso es la pequeña mesa metálica que lo domina todo. Sobre ella un descomunal ordenador de los antiguos (con barriga) apuntando hacia la única silla disponible. La pantalla oculta totalmente la imagen del Dr. X.

Me siento, cuando la voz resuena tras la enorme y anticuada pantalla:

—Usted es… (pronuncia mi nombre y apellidos). Ahora tiene (cita mi edad) y vive en… (acierta con mi dirección, lo cual ya es mucho).

La voz impersonal continua con un aire metálico:

—Bueno… en 1987… Perdón, perdón… en 1997, usted tuvo un infarto y fue intervenido quirúrgicamente, con injerto de arteria mamaria. La intervención se realizó sin incidencias … ¿Correcto?

—Si… me molesta que me lo recuerden. ¿Es necesario?

—Desde entonces sigue tratamiento crónico tomando… (enumera mi lista de fármacos habituales) ¿Correcto?

—Sí, sí…

Tras una ligera pausa, la voz parece meditar….

—Pero usted no viene a verme por lo del corazón, ¿verdad? ¿Qué le pasa ahora?

Por fin empiezo a desgranar las ultimas inquietudes sobre mis disfunciones intestinales: dolores abdominales, meteorismos…y también me remito a mis errores alimentarios, comidas rápidas, cafés, tabaco, estrés… y me atrevo a comentar el diagnóstico de un amigo mío al que le diagnosticaron hace poco «un colon irritable».

De nuevo, la voz…

—Bueno… Nada de eso no me consta aquí. Pero es igual… ¡Haremos una colonoscopia!

Sé lo que es aquello. Lo molesto y desagradable que resulta que te metan un tubo por el culo, y lo escatológico del día anterior con los sobres para limpiarlo todo…Me atrevo a intervenir:

—Dr. ¿Es absolutamente necesario? ¿No podría antes explorarme un poco?

La voz del Dr. X (en ningún momento le he visto la cara) reacciona ahora bastante contrariada. No le ha gustado mi sugerencia:

—Mire usted… Todo lo que necesito está en la pantalla. La exploración en estos casos no sirve para nada. Lo que único que importa son los resultados de la colonoscopia. No se preocupe, lo sedaran y además… no le costará nada ¡Entra en la póliza! ¿De acuerdo?

Se produce un silencio pesado. Oigo como manipula el teclado y luego el inconfundible sonido de una impresora. Por fin aparece una mano por el lateral de la pantalla, que me entrega un papel con el logotipo de la mutua en gruesos caracteres.

—Tenga… La autorización para el colon. La chica le indicará día y hora y la preparación necesaria… ¿De acuerdo?

Siento que algo transgrede mi identidad. He sido educado en valorar la mirada por encima de muchas cosas, y en reconocer su gran importancia en la vida. Tengo la sospecha de que «voy a explotar un poco». Creo que, a estas alturas de la película, puedo permitirme el lujo de decir lo que pienso (manteniendo las formas adecuadas, por supuesto).

—Doctor…. ¿Puedo decirle una cosa? Rogándole que no ofenda…

—Diga, diga… La voz parece más fastidiada que antes (seguro que he alterado su reducido computo horario programado por paciente).

—Soy hijo de médico. Me encanta la medicina y confío en el «arte hipocrático», como puede ver en mi historial clínico… Pero hace más de ocho minutos que estoy en su consulta y no me ha mirado ni una sola vez a la cara… ¿sabe que podría tener el rostro amarillo como un canario, o lleno de pústulas, y no lo habría notado? Sinceramente… ¿Le parece correcto?

Y entonces, y solo entonces, aparece el rostro de doctor, por el lateral del enorme ordenador. Es un hombre de mediana edad, calvo, con una barbita cana mal cuidada, lentes de gruesos cristales y la inevitable pajarita de colores en lugar de corbata. Espero, expectante su respuesta:

—Mire usted… Llevo veinte años ejerciendo la medicina. Estoy aquí desde las ocho, no he comido, tengo cuatro pacientes esperando y sé lo que me hago. ¡Hágame caso y no se mentalice tanto! Tendrá menos problemas Hagamos la colonoscopia y vuelva con los resultados. ¿De acuerdo?

Finalmente, y dejándome sin derecho a réplica, su voz suena con más potencia dirigiéndose hacia la puerta:

—Pili… Dígale a la señora X que ya puede pasar.

En la secretaría el ambiente es algo distinto. La enfermera me está esperando con un aire muy comercial. Me hace firmar el vale de la consulta mientras consulta unas fechas en su pantalla. Al recoger los papeles, veo que la mujer gruesa se levanta penosamente de su silla, ayudándose con el bastón multiuso, y se dirige muy despacio hacia la puerta del Dr. X.

Dada la lentitud de sus movimientos, estoy convencido que cuando llegue a sentarse frente al ordenador, la voz ya sabrá de memoria su historial, habrá decidido su diagnóstico y la prueba a la que debe someterse la anciana, seguro que será una colonoscopia. Eso sí... preguntándole antes muchas veces «¿De acuerdo?»

La voz de la recepcionista suena bastante comprensiva:

—¿Le va bien el día 15 a las 10 de la mañana?

Asiento. Creo que es mejor superar cuanto antes lo del tubo por el culo, con su dieta total previa, y la gran ingestión de laxantes.

—Bueno, pues le apunto... Aquí tiene el impreso con las instrucciones para el «pre». ¿De acuerdo?

¡De acuerdo! Ya estoy harto de escuchar y repetir esta expresión tan sumisa.

Una vez realizada la colonoscopia con éxito y extraerme siete pólipos benignos, respiré tranquilo y recurrí a otro especialista en temas digestivos, que, por supuesto, no se parecía en nada al Dr. X.

Sinceramente, creo que el doctor invisible debe ser un buen tipo, pero, como tantos, agobiado por el sistema, estresado, con un salario ajustadito, pendiente de su anticuado ordenador, y con muchas ganas de jubilarse. ¡Seguro!

Aunque, finalmente, la pregunta obligada es: ¿En quién repercute todo esto?

La rapidez, que es una virtud, engendra un vicio que es la prisa.
GREGORIO MARAÑÓN

Que la comida se tu alimento, y el alimento tu medicina.
HIPÓCRATES

12

EL «20 N» de 1975 desde la calle Mandri

Pasaban cinco minutos de las cinco de la madrugada de aquel jueves, veinte de noviembre del año setenta y cinco. Me desperté sobresaltado al oír el teléfono sonando insistentemente. Sabía que aquellos días podían pasar muchas cosas. Varías personas, acusadas de terrorismo, habían sido fusiladas, y Marruecos organizaba una gran Marcha Verde para ocupar el Sahara... la historia de España iba a cambiar radicalmente con la inminente muerte del dictador. Descolgué enseguida. Era Sergio, con su voz característica en la que combinaba el whisky con alguna cosa más.

—Oye: ¿a qué no sabes cuál es el último parte del «equipo médico habitual»? Pues que el Generalísimo... ¡ha superado la autopsia! Es bueno, ¿verdad? Perdona, pero esta vez va en serio. Hace media hora que ha palmado. Me lo ha dicho Juan, de La Vanguardia, el de izquierdas. Está celebrándolo de incógnito, sin que se enteren sus jefes, que son de lo más facha que hay. ¿Qué opinas? ¿Lo celebro yo también, o paso de todo?

Le contesté enseguida:

—Vete a casa a dormir. Mañana comeremos juntos, pero, sobre todo no hagas comentarios. Ningún comentario...

—Bueno. Me iré a casa. Pero aquí hay un ambientazo total. Seguro que se liga a tope... Hasta mañana, a ver qué coño pasa.

Me dispuse a esperar que fuesen las siete escuchando la radio, pero solo oía música sacra en todas las emisoras, lo que confirmaba la veracidad de la información.

Volvió a sonar el teléfono. Era Luci.

—¿Te has enterado? Vaya follón, ¿desayunamos juntos? Te espero a las ocho en el Sandor, ¿vale?

Colgó sin esperar mi escueto «de acuerdo».

El tema de la muerte de Franco no me preocupaba excesivamente. Seguramente había sido, en su época, más listo que los demás para escalar por las armas y pasarse luego un montón de años haciendo su voluntad con la ayuda de los poderosos de siempre, y de la Iglesia, por supuesto. Había escogido los adornos del fascismo y encandilado a una corte de medradores bajo cualquier ideología prestada o inventada. Era igual. Lo importante era mantenerse él y su dictadura. Y así lo hizo hasta el día de su muerte.

Mientras tanto, «los otros» habían luchado con todas sus fuerzas sin conseguir nada. Pero ya se veía a partir de ahora quienes serían los dominantes y los prepotentes, y, seguramente, volvería a haber una revolución de navajazos y envidias, para repartirse lo despojos del país. Era el circulo oscuro y recurrente de este pueblo.

Hasta el momento, unos se lo habían comido crudo, y ahora llegaba la hora de que lo hicieran otros, que llevaba cuarenta años esperando. Pero, en el fondo, siempre era lo mismo. Se repetiría la historia. Las mismas miserias humanas. La lucha de clases sería una estrategia más, utilizada por unos cuantos, que se servirían de las masas ignorantes para convertirse en los nuevos hombres fuertes que, con el paso del tiempo, serían los nuevos tiranos. La inmensa mayoría de la gente se dejaría manipular por los llamados «ideales», arrastrados por los medios de comunicación, sobornados como siempre, y las hábiles técnicas demagogas al uso.

Me acerqué al balcón y descorrí las cortinas. Quería ver si existía algún movimiento especial en la calle Mandri. Intentaba observar cómo se despertarían las gentes en aquel día tan especial.

Habría de todo. Los que se dedicaban a la política prepararían sus armas retoricas de siempre, la manipulación de masas en grado superior. Los otros, harían lo que pudiesen para mantener sus estatus…

Una vez extinguido el hilo de voz del Generalísimo, el champan llenaría las copas de muchos hogares, y otros esperarían compungidos para despedirse del «guía de Occidente», y, sobre todo, expectantes controlando el futuro de sus patrimonios.

Entonces algo me llamo la atención. En un balcón de la tercera planta del edificio de enfrente apareció una figura confusa, pero con una voz muy estentórea:

—¡Ya era hora de que se muriera ese cabrón…Viva el partido Comunista!

Y enseguida, en el balcón contiguo, otra voz potente parecía responderle:

—¡Que se calle ese hijo de puta… o lo fusilaremos!

Vaya, vaya… me dije, como está el patio. Y eché mano de mi experiencia de bolsillo, recordando aquella frase de Antonio Machado:

«Españolito que vienes al mundo, te guarde Dios, una de las dos Españas ha de helarte el corazón.»

A las ocho y cuarto ya estaba en el Sandor.

No se hablaba de otra cosa y estaban presentes muchos comentarios morbosos sobre la agonía del dictador, sobre el rey, la democracia, las elecciones, los partidos, las autonomías, etc.

Un individuo muy grueso ojeaba La Vanguardia Española que había publicado una especie de *collage* con imágenes de la vida de Franco, en el que también estaba «la señora «con su enorme collar de perlas. Me sonreí al pensar en el poco tiempo que los oportunistas Godó tardarían en suprimir lo de «española». Como así sucedió solo en solo dos días.

Entonces apareció Luci.

Llevaba sus eternas botas negras de cuero, un abrigo marrón largo y una especie de boina estilo guerrillero ladeada. Estaba, como siempre, graciosa y atrayente, y su mirada era muy chispeante cuando se acercó a mí para hablarme casi al oído:

—¿Te das cuenta? Hoy empieza una nueva historia de este país. Aún no ha cambiado nada, pero todo ha cambiado. Incluso yo he cambiado. Esta noche he pensado dejar el apartamento de Londres y quedarme a vivir aquí. ¿Qué te parece?

—Me parece bien… durante los próximos años hará falta gente como tú, con tus ideas, y tu experiencia de haber vivido ya en una democracia.

Luci estaba eufórica y, por primera vez, noté una mirada diferente en ella.

—Vale, vale…Pero tengo que pedirte un favor.

Entonces puso aquella cara de ternura e inocencia, que siempre le daba buenos resultados.

—Quiero estar cerca de ti, para que me ayudes a conocer como es, ahora, la gente de aquí.

—No te preocupes. Estaré a tu lado para todo lo que necesites. Y acercó su mano suavemente sobre la mía y la mantuvo apretada con fuerza. Bajó un poco la mirada y casi susurró:

—No sé qué haría sin ti. ¡De verdad, te quiero mucho!

—Yo también, yo también, contesté mecánicamente, y acerqué mis labios a su corta melena rubia que sobresalía un poco bajo la gorrita negra.

Y, por un instante, intenté imaginármela ligera de ropa, con tacones altos y delgados, fumando, y la boca semiabierta, sensual, sonriendo.

Pero no lo conseguí…

13

Los candelabros malditos

Eran las tres en punto de la tarde, y estábamos los tres senta-
dos en la mesa de reuniones de mi despacho. A esa hora los
martes y los jueves teníamos clase de inglés. Habíamos escogido ese
horario porque no interfería con el inicio de nuestras actividades
en la empresa y nos permitía despejarnos un poco de la modorra
normal que arrastrábamos después de la comida en Casa Agustín,
el restaurante casero al que solíamos ir casi cada día. Yo era el «jefe»
del grupo. Éramos amigos, compañeros, pero sobre todo alumnos
que esperaban aprender el idioma de Shakespeare, paradigma de
todos los ejecutivos con garra que aspiran a escalar las alturas en
el proceloso mundo de las empresas.

Había transcurrido algo más de un cuarto de hora y nuestro
profesor, el auténtico y puntual John Wilquinson, aún no estaba
con nosotros. Era algo inusual. En los más de tres meses que
llevábamos con él siempre se presentaba puntual, elegante, jovial,
con su carpeta bajo el brazo y un sonriente *good afternoon*.

—¡Qué raro! —exclamó Esteban.

—Voy a llamarle. —Apuntó enseguida Jaime.

—¡Vale! —asentí yo, asumiendo mi papel de jefe, con cierta satis-
facción porque aquella tarde tenía una reunión importante a las cuatro.

Pero la llamada de Jaime nos alarmó un poco a todos. Mi
compañero iba traduciendo la conversación puntualmente:

—Dice que le perdonemos… Hoy no vendrá porque se encuen-
tra mal… muy mal…no sabe lo que le pasa… ha llamado al médico… mañana nos dirá algo.

Y la reunión se suspendió con un cierto regusto de expectación
y desencanto, porque realmente habíamos avanzado mucho y no
sabíamos si aquellas sesiones continuarían.

Al día siguiente «lo de John» se complicó más. Llamo él mismo
con un hilo de voz angustiado, estaba muy excitado.

—Parece que me estoy muriendo y no sé de qué… El médico no entiende nada… decidle al «jefe» que venga a verme… que traiga a alguien de confianza —y colgó.

Por supuesto, fui. Y lo que relato a continuación, supera cualquier escenario que hubiese podido imaginar.

El «profe» estaba en la cama de su pequeño dormitorio, pálido, sudoroso, con unas enormes ojeras y no paraba de temblar. Me pidió un vaso de agua que no pudo tragar, mientras se revolvía constantemente balbuceando…

—Por favor, quitadme eso de ahí…quitadlo… ¡Me está matando!

Finalmente puede entender lo que quería decir. Se refería a dos candelabros de metal, de un horrible mal gusto, que estaban encima de una mesita auxiliar próxima a su cama. Me acerqué a ellos y enseguida noté un fuerte ramalazo, como un chispazo eléctrico que me recorrió todo el cuerpo y unas ganas enormes de vomitar, a la vez que un profundo mareo.

Esto es muy serio, pensé, mientras intentaba tranquilizarle.

—No te asustes, respira hondo, vengo enseguida y lo solucionaremos, aguanta un poco.

Toda mi vida he sido agnóstico, al menos desde esa edad en la que se empieza a tener eso que llama uso de razón. Pero también creo, y cada vez más, en el poder de la mente. Un poder que aún hoy en día es limitado y solo aprovecha un porcentaje mínimo de la capacidad real del cerebro, pero que estoy seguro de que en el futuro nos deparara avances insospechados.

Aquel era uno de esos momentos. Estaba solo en su casa, y respiraba ese aire de desolación, misterio y trascendencia que se da pocas veces en la vida. Yo también notaba dolores difusos por todo el cuerpo y opresión en el pecho, pero no tuve ninguna duda de lo que tenía que hacer.

Salí de la habitación, respiré hondo y llamé a Ofelia.

Es una mujer inteligente, con una acusada personalidad y muy documentada, según una curiosa expresión mía que le hacía reír, sobre todo lo que tuviese que ver con dolencias psicosomáticas y fenómenos para normales. Con el cabello muy corto, teñido de amarillo, colabora con un centro de asistencia a niños autistas, y se gana muy bien la vida realizando «limpias» en domicilios y despachos que solicitan a menudo sus servicios.

Le conté lo que sucedía, le di la dirección, y a los diez minutos ya estaba conmigo, actuando como esperaba.

Su voz sonaba firme, experta y autoritaria.

—Sal de la habitación y llévate, aunque sea a la fuerza a este pobre hombre. Dejadme sola. ¿Has tocado algo?

—No. Pero creo que el problema está en los candelabros…

—Vale, vale, ya lo noto. Salid. Esperad que os avise. Será poco tiempo.

—De acuerdo, de acuerdo, pero ten cuidado.

—Salió poco después, con una pequeña bolsa de mano negra y una escueta información:

—Enseguida vuelvo. Voy a tirar estas porquerías muy lejos de aquí.

No puedo faltar a la verdad. No pasaron ni cinco minutos, cuando Ofelia volvió y nos invitó sonriente a entrar. Mi amigo se encontraba mucho mejor, mis dolores difusos habían desaparecido, y los candelabros aparecían desmontados en un rincón de la habitación.

Superado el trance, desaparecidos los efectos nocivos, y de vuelta a la normalidad, lo que más me apetecía ahora era saber lo que había sucedido. Pero Ofelia inició un interrogatorio hacia la victima que me sorprendió profundamente y me hizo recapacitar, una vez más, sobre lo que yo llamo «las miserias humanas».

—A ver, querido amigo ¿Quién te envió estos candelabros?

John tartamudeó un poco, e inició su relato a trompicones. Ahora parecía estar profundamente dolido.

—Veréis. Hace tres meses conseguí por fin el divorcio de mi mujer en Inglaterra. Fue muy duro, horrible, ella no quería, pero aquello ya no era vida. Llegamos a firmarlo en el último momento entre gritos, insultos y amenazas. Me costó un dineral, pero finalmente decidí salir de aquel entorno y venirme aquí. Empezar otra vida haciendo traducciones y dando clases de inglés, como la vuestra. Quería olvidarme de todo, y parecía que lo estaba consiguiendo, pero...

Parecía que no iba a seguir con su relato, cuando se paró en seco. Ofelia intervino con un tono amable y persuasivo:

—Vale, vale, no te cortes. Necesito saber algo más para dejar totalmente zanjado este asunto, y que no vuelva a ocurrir.

—Pues bien, hace una semana recibí un paquete postal desde Inglaterra. Era de ella. Contenía los dichosos candelabros y una carta...

—Sigue, sigue —apremió Ofelia.

—Me decía que para ella también había sido muy duro. Que «lo pasado, pasado está», y como recordaba que el lunes sería mi cumpleaños, me enviaba los candelabros, como muestra de buena fe...

De repente se calló, creí que iba a darle otro pasmo, pero su tono de voz era ahora muy distinto al de hacía poco rato. Utilizó una expresión impensable dada su educada utilización del lenguaje tanto en castellano como en inglés:

—*Bitch!*... Lo que quería era matarme... y casi lo consigue. Casi lo consigue. *Bitch!*

Las clases se reanudaron con normalidad el martes siguiente. John y yo acordamos dar una versión más suave de lo sucedido. Solo comentamos brevemente con los otros alumnos, la incidencia de un fuerte virus estomacal que pudo superarse con las dosis adecuadas de fármacos. Sin más comentarios.

Pero, días más tarde no resistí la tentación de preguntarle a Ofelia:

—Solo por curiosidad malsana, ¿Qué contenían los dichosos candelabros?

—Lo típico, lo de siempre. Trozos de uña, cuatro pelos, vete a saber de quién, algún resto de una rata o similar, todo barato en el mercado de la magia negra... pero lo importante no es esto.

—Lo importante es el odio con que se manipulan y la fuerza con la que se dirigen mentalmente en contra de su destinatario… El «poder de la mente» como dices tú. ¿Me entiendes?

—Si, por supuesto. Lo entiendo perfectamente. ¡Gracias por todo!

El mundo de la magia está lleno de peligros.
GUSTAV MEYRINK

14

El taxista filósofo

Julián fue chófer de dirección en mi época de «ejecutivo con garra». Cuando yo me distancié de aquel mundo aparente y especulativo, él se jubiló, adquirió una licencia de taxi, y se dedicó a observar todo lo que sucedía detrás de su cubículo de cristal y cuero.

Muchas veces le llamo, y en sus trayectos me demuestra que mantiene la cordura y la sabiduría popular que le da su oficio. Julián razona y habla muy bien, modulando sus expresiones con las maniobras al volante de su SEAT 1400, siempre limpio y bien cuidado. Es un personaje asertivo y lúcido, y afirma que nunca ha tenido un accidente. Me comenta con detalle lo que piensa:

—Mire Ud. Creo que, hoy, la sociedad es un lugar muy difícil para vivir, en gran parte porque está sometida por el miedo, por muchos y variados miedos. Ahora dicen que todo es «genético», incluso el miedo, pero yo considero que el miedo es «la falta del conocimiento de uno mismo». Si existe este conocimiento, los miedos se acaban frente al sentido común, y desaparece lo negativo y los malos augurios, que tantas veces están generados por los de siempre, empeñados en conseguir el control del individuo, a través de la manipulación de los medios sobornados.

En esta época, el miedo a la enfermedad se ha desarrollado tanto que le ha dado una gran preponderancia al sufrimiento. Hoy se teme más a la enfermedad y a la decrepitud física, (por lo que lleva de abandono y soledad en muchos casos) que al hecho de la propia muerte.

Creo que el mito del infierno no es lo que muchas religiones describen como un lugar de castigo, donde el fuego te consume eternamente, y nosotros vivimos aquí un avance del sueño del infierno. Nos han querido infundir un infierno irreal, que pretenden paliar con algunas mentiras que han intentado vendernos mediante muchos «acuerdos», dirigidos siempre en beneficio de los que los redactan.

De pequeños creíamos en nuestros mayores, y en el «sistema» con sus reglas. La idea de lo que «era bueno o era malo» que nos inculcaron controlaba el ideal de nuestra infancia y juventud; luego nos quisimos revelar, pero no fuimos bastante fuertes y nos rendimos. Tuvimos muchos miedos, y aceptamos los «acuerdos» como unas normas obligadas, sin leer la letra pequeña, y sin pensar que «el miedo no protege a nadie».

Estoy convencido que los «acuerdos» no son más que la máscara del «sistema», aunque le llamen democrático.

Hoy la gente siente miedo, un miedo generado por el conflicto entre la realidad de lo individual y el desánimo de lo colectivo. Unos temen perder sus derechos adquiridos (el estado del bienestar, lo llaman) y otros perder los frutos de una especulación tolerada por el sistema que ha compartido las prácticas de la corrupción.

Dentro de esta maraña materialista de contradicciones, ya no hay líderes positivos en la política, y el favoritismo y la ilegalidad muestran sus peores caras ante la mirada indignada de la ciudadanía.

Además, ahora, todo se está regulando y prohibiendo. La palabra «normativa», se ha convertido en una expresión muy negativa. A todo lo que antes se le llamaba «normal», ahora se le etiqueta; se le fiscaliza; se controla; lleva un «código de barras»; se traduce a varias lenguas; es más caro… ¡Y ya está normalizado!

Verá Usted… cuando estoy solo en la parada de taxis, muchas veces medito y me pregunto bastantes cosas: ¿Por qué no prohíben que los coches puedan correr a doscientos Km/h, en vez de tanto radar oculto? ¿Por qué me importunan tanto para escoger un restaurante con terraza exterior de solo tres mesitas, y poder fumar? ¿Por qué nos machacan con tanta publicidad de grasas, alcohol, si son tan perjudiciales? ¿Por qué insisten en que se puede rejuvenecer diez años en una semana, a golpe de cremas antiedad, o con una operación, que te puede dejar lisiado? ¿Por qué se meten tanto con esas chicas de las carreteras, que están sentadas en el arcén, (es un decir, claro) y luego se lo gastan todo en el Corte Ingles? ¿Me entiende usted?

Le entiendo muy bien…

Julián es amigo de la filosofía popular en tramos cortos, (como muchos taxistas), y piensa que esas chicas cumplen una misión «socioeconómica», porque transforman el dinero negro de muchos clientes (corruptos, añade con un tono experimentado), que ellas consumen con sus compras y, además, generan un IVA para el estado.

Con sus manos de hombre trabajador y honrado, asegurando su volante forrado con piel de conejo, está muy convencido de sus exigencias:

«Es que siempre pasa lo mismo, mande quien mande…»

Y me comenta, con sus ojos reflejados en un gran retrovisor asegurado con dos tiras de celo:

—Inventan algo para recaudar más y, luego, encima de jodernos, hemos de estarles agradecidos… Es natural que estemos muy cabreados. ¿no le parece?

Yo le sonrío de perfil y enciendo mi cigarro (en su taxi puedo hacerlo) antes de contestarle:

—Solo somos unos simples espectadores, solo espectadores. Tranquilo, tranquilo Julián… No se preocupe tanto, que esto son dos días, y en la próxima esquina me bajo.

Y entonces murmura algo, moviendo la cabeza mientras reduce la marcha, y sus cejas se arquean para reafirmar con un gesto de aprobación:

—¡Es verdad, es verdad… esto solo son dos días! ¡Usted sí que sabe!

Cuando hablas solo repites lo que sabes; pero cuando escuchas, muchas veces, aprendes algo nuevo.
DALAI LAMA

15

El misterio de las psicofonías[*]

Hace unos meses me cruce en la calle con un antiguo y famoso amigo, y no dude en abordarlo. Sinesio Darnell era un renombrado físico y, entre otras cosas, miembro de varias entidades científicas, gran estudioso de las psicofonías y autor de numerosos libros y artículos sobre este controvertido tema.

Hechas las primeras manifestaciones de rigor, pronto le declare mi interés por conocer su opinión sobre «una cosa muy curiosa» que me había ocurrido una noche, hace algún tiempo, tras la muerte de mi padre.

Como tenía algo de prisa, le invité a cenar en un conocido restaurante del Example, para poder hablar tranquilamente, mezclando el aroma de mi habano con el de su inseparable pipa (allí se podía fumar).

De entrada, Sinesio quiso hacerme una breve introducción histórica, que creía necesaria apuntar:

—A mediados del siglo XIX, surge en Nueva York la corriente del «espiritismo moderno», que, enseguida, recorrió los salones de América y Europa. Fue una auténtica revolución social que, en algunos casos, degeneró en juegos de salón, pero, entones Thomas Edison desarrolló un aparato qué creyó permitiría comunicarse con los fallecidos. Más tarde, en junio de 1959, el cineasta Jurgsenson, al grabar en una película el sonido de los pájaros y reproducir la cinta, escuchó en ella voces humanas inexplicables, entre ellas

---

[*] Este relato tiene unas connotaciones muy especiales para mí. Rememora puntualmente el contacto esotérico que tuve con mi padre, tras su reciente muerte, mi respuesta y su cálida voz al contestarme, llena de amor y empatía. Todo ello junto al recuerdo entrañable de mi amigo Sinesio, con su ayuda y gran profesionalidad al tratar aquel hecho tan importante y emotivo, que siempre recordaré.

la de su madre fallecida. Aquello fue una auténtica revolución mediática…

Sinesio prosiguió:

—Veras…y yo tengo centenares de psicofonías reales en mi despacho, y, dado tu interés, te invito a escucharlas…

—Vale, vale —contesté— pero, de entrada, dame tu opinión: ¿Qué crees tú que son ellos?

—Aquí hay un problema semántico. Ellos son «algo», y esas voces vienen, sin duda, de algún sitio. Alguna forma de energía inteligente que se manifiesta. Lo que sí sabemos seguro, es que, con las precauciones técnicas que se toman para su descodificación, no son ondas espurias, ni de radio, ni de gente que estuviera cerca… Y que muchas veces, expresan deseos, cariño, pena, o incluso odio, ¿me entiendes?

—Por supuesto, pero… ¿me permites otra pregunta clave? ¿Quiénes provocan este fenómeno?

—Te lo resumo en cuatro puntos: primero, este fenómeno existe; segundo, conectamos con una inteligencia sin conocer su procedencia; tercero, esta inteligencia no tiene soporte físico; y cuarto, precisa de un soporte adecuado

—Vale, vale, —asentí—. Pero, ¿por qué dices que son inteligentes?

—Porque no son absurdos o inconexos… Refieren algo real que sucede o ha sucedido, reconocen a su interlocutor, hacen preguntas, afirmaciones o advertencias… incluso dialogan entre ellos.

—¿De verdad? Pues una última pregunta… ¿No puede ser que estas energías estén dentro de nosotros mismos? O sea, que nosotros provocamos el fenómeno, inconscientemente.

—No lo creo. Se está investigando sobre las *psicoquinesias espontaneas,* pero en las cintas se relatan muchas cosas que el teórico inductor desconoce. A veces, incluso, hay un dialogo entre dos o más personas, o cantan o discuten… Es imposible.

Debía haber transcurrido un buen rato desde que comenzamos la comida, disfrutábamos de nuestros pecadillos de sobremesa, y creí que ya era el momento de agradecerle toda su atención y despedirnos sin comentarle mi experiencia, pero Sinesio pidió más café, cargo de nuevo su pipa, sonrió, y se dirigió a mí:

—No creas que vas a escaparte. Ahora te toca a ti. ¿Qué es esa cosa tan curiosa que te ha sucedido?

—Pues veras, quizás te parezca algo infantil…pero, exactamente, fue así: a los dos días de haber enterrado a mi padre, fui a su casa. Mi madre dormía, yo entré en su despacho y me senté en su butaca de piel. Era su favorita. Estaba algo cansado y me quedé dormido. Pero, al rato, me desperté al sentir su voz inconfundible, sin ecos ni nada por el estilo, qué me decía alto y claro: *Tato, tato… ¿Cómo estás?*

Solo mi padre tenía la costumbre de llamarme así, hasta los diez años, nadie más. No tuve miedo, me sentía feliz, y no me asombré por mi respuesta espontánea: *Bien, bien… ¿y tú?*, y la misma voz me contestó: *Tranquilo, tranquilo…* y luego, nada más, un silencio total y profundo cubrió toda la estancia.

Bueno, mi docto amigo ¿me darás tu opinión?

—Claro, claro… Por lo que me has contado caben dos interpretaciones: la primera apunta al clásico fenómeno de *psicoquinesia* ya comentado. Puede darse en casos de conciencia alterados, como el tuyo en aquellos momentos, aturdido y dolido, e inmerso en el «santuario» de tu padre. Un escenario ideal para esto.

La segunda voy a resumirla, rogándote que me perdones, porque sé que eres agostico, algo que valoro mucho en su justa medida, y es la siguiente:

Lograste comunicarte con tu padre en su primer estadio del más allá, cuándo aún no estaba alejado del todo de su vida terrenal. Para aceptarlo, tendrías que admitir que existe *algo* que perdura después de la muerte física, hacia un destino cósmico.

Me dijiste que tu padre murió tranquilo, sereno, satisfecho de su labor humanitaria, y por eso su voz, al comunicarte contigo, era agradable, y su mensaje fue de amor y tranquilidad.

Comprendí que la reunión había finalizado. Volví a agradecerla su erudición y le dije:

—Ha sido muy interesante, té llamo y quedamos otro día. ¿De acuerdo?

En la calle hacia frío. Ajusté un poco mi bufanda y me quedé un buen rato mirando el parpadear de las estrellas, mientras me dirigía mi domicilio.

Una vez reconquistando el silencio acogedor de mi casa, ajuste el móvil para ver si había algún mensaje en ese artilugio llamado buzón de voz. Superada mi habitual torpeza para estos manejos, al instante oí una voz, clara y determinante:

Carlos, soy Sinesio. Recuerda que hemos queda para cenar otro día. Tengo varias psicofonías muy interesantes para ti… ¿de acuerdo?

Me sentía un poco abrumado, pero satisfecho, por tantas teorías y fenómenos paranormales, cuando me repetí en voz alta:

—Cada uno es como es, tanto si está en el *más allá*, como en el *más acá*.

El profesor Darnell falleció el 18 de julio del 2011, a consecuencia de un infarto. No pude asistir al sepelio porque aquel día tuve un inexplicable y tremendo dolor de cabeza.

Posteriormente, su viuda me dijo que, pocos días antes de morir, había dejado una carpeta para que me la entregase, conteniendo unas psicofonías, con la indicación: «Para Carlos».

Esperaré un tiempo antes de abrirla. Prefiero guardar solo el aroma inconfundible de su pipa.

Solo le pido a Dios que tenga piedad con el alma de este ateo.
MIGUEL DE UNAMUNO

Mi amigo Serrano, «El Pirao»*

Mario Serrano murió hace ya bastantes años. Fue compañero mío en la *mili*. Intentó hacer la carrera de ingeniero, pero no la acabó, como tantas cosas… Siempre iba desaliñado, bastante sucio, hablaba a trompicones y, además, no le caía nada bien a mi madre porque decía que tenía unas ideas muy raras (ahora comprendo el porqué). Era bastante adicto al sexo barato (izas y rabizas), y fumaba porros constantemente, pero, aunque no influyó en mí en nada de todo esto, debo reconocer que era un tipo muy inteligente, circunspecto, honesto a su manera, acertado en sus opiniones sobre bastantes cosas, que comparto, y que siempre me tuvo en gran consideración.

Posiblemente, la historia y circunstancias de la vida de Serrano estén condicionadas con su infancia y madurez. Siendo niño, e hijo único, sus padres murieron en un accidente de coche, y la abuela paterna fue su tutora hasta su mayoría de edad, administrando una muy considerable herencia.

Al cumplir los dieciocho años, obtuvo la posesión legal de aquel patrimonio y de su rendimiento, lo cual (en expresión muy suya) le permitió «vivir siempre como me da la gana» sin dependencias ni sumisiones a nadie. En más de una ocasión, me comentaba su filosofía existencial, que respondía a otra expresión concluyente: «Con la vida que llevo y que quiero llevar… sé que la pasta que tengo me durará más que los años que me quedan».

---

* El autor ya es consciente de que Serrano no era, ni mucho menos, lo que calificaríamos como un hombre «políticamente correcto», pero invita al paciente lector a seguir sus pensamientos, su «decálogo de la verdad», como solía decir, y a reflexionar sobre ello. Estoy seguro de que, salvando lógicamente muchas distancias, encontrará bastantes puntos en común, y si no, ruega le disculpen.

Esto puede explicar en parte, la personalidad, especial y controvertida, de Serrano.

A los veinte años, le dio por escribir una noche en mi casa lo que él llamaba «el decálogo de su verdad», que aún conservo en una pequeña carpeta bastante borrosa por culpa de una lata de cerveza que se derramó encima, en uno de mis innumerables traslados de domicilio.

Me enteré de su trágica muerte por una nota en La Vanguardia, que hablaba de un hombre con barba desaliñada, que había aparecido entre los arbustos de la parte alta de la Diagonal, tras los jardines de lo que antes era la sala Bikini. Su cuerpo llevaba varios días allí, con una botella de ginebra medio vacía, bastante desfigurado, y supuestamente drogado.

Desde aquel suceso siempre me acuerdo de él, y he querido transcribir aquellas notas que en su día custodié como algo bastante anómalo pero que, lo reconozco, tenían algo real, inquietante y morboso, con un punto de enajenación que incluso, en algunos aspectos y con salvedades, podías llegar a comprender. Serrano se expresaba a su manera, con una letra puntiaguda, rasgando con fuerza el papel, en párrafos desordenados, llenos de palabrotas y exabruptos. Era un escrito con una literatura llana, sin recovecos, en el que no se intuía ningún tipo de hipocresía y que, bastantes veces, tenía algo de cinismo incontrolado.

He procurado ser fiel a sus pensamientos de entonces, lacónicos y precisos o, al menos, al recuerdo que tengo de su oscura personalidad. El extracto de esas páginas es el que transcribo a continuación, haciendo abstracción de mi opinión sobre ellas...

Dicen así:

Tengo pocos amigos, los de verdad (o eso creo, y ya es suficiente) y recelo cuando alguien me llama compañero en voz baja, y me abraza sobándome la espalda sin mirarme a la cara. Me gusta estar junto a una mujer que solo huela a tierra húmeda, sin apariencias adulteradas, sin perfumes mareantes ni pinturas de guerra, que no me acribille con absurdos reproches, tenga sentido del humor, y comprenda mi forma de ser, aunque no coincida con la suya (sé que es difícil).

Creo en la complicidad entre personas libres, sin permisos de desconocidos; ni de la autoridad municipal de turno, ni en las absurdas bendiciones de un «más allá», que cambian a golpe de leyes o de concilios, según el tiempo o las fronteras, o del «Papa reinante». También creo en la importancia de las neuronas, las células madre, y todo eso que rodea el gran misterio de la vida y que, todavía unos cuantos se niegan a estudiar…

Seguramente les da miedo descubrir lo orgullosos y poca cosa que somos.

Estamos esclavizados por un sistema con sus normas arbitrarias y sus impuestos abusivos… (aunque yo no los he pagado nunca). Estoy harto de esta burguesía decadente y casposa que presume de pedigrí y de apellidos heredados, por el simple azar de haber echado un polvo con la persona adecuada en el momento oportuno… Todos son iguales.

Yo soy así, y no pienso cambiar. Me llaman extraviado, marginado, pirao… Dicen no sé qué de neurosis, de trastorno de personalidad… ¡Chorradas de los psicólogos!

Por las noches es cuando soy más auténtico. Adoro a los gatos, a los borrachos que se mean junto los cubos llenos de basura (yo también lo hago cuando me aprietan los bajos), y a los mendigos que duermen tranquilos entre diarios viejos, mientras la gente se abraza y se besa sin parar, jugando a quererse mucho… aunque luego se divorcien, se maten a puñaladas o se roben todo lo que puedan.

No me importa nada la historia de este mundo que se apaga entre emanaciones de gases, absurdas guerras santas entre moros y cristianos, y los terremotos, tsunamis, huracanes… Ya se acabó el rollo ese del Imperio Romano, y el griego, y los egipcios, y los Aztecas y los Mayas… Todos los imperios se acaban. ¡Solo es cuestión de tiempo!

También se acabará el de la prepotencia. Ese que llaman de las estrellas y las rayas, y la línea confusa del llamado «eje del bien y del mal» (parece una frase de la inquisición) se desvanecerá como un absurdo axioma, intolerante, y quizás, entonces, se podrá luchar de verdad contra el origen de la pobreza, en vez de luchar contra los desfavorecidos por ella.

Pienso que un día muy lejano, dentro de millones de años, (pero seguro que llegará), el Sol cambiará su estructura. Los sabios que lo han estudiado dicen que el astro rey se habrá convertido en lo que llaman una gigante roja. Habrá crecido tanto que ocupará todo el cielo que algunos admiran embobados, engullirá los planetas, y la muerte de la Tierra será inevitable. Esta se fundirá, y delante de nuestras costas desiertas, sin tumbonas, sin señoras estupendas chamuscándose las tetas, solo se perfilará el color sucio de un horizonte tenebroso, imposible ya de alborear lleno de porquerías…

Sé que yo no lo veré, ni cuantas generaciones más habrá de pasar hasta que esto llegue, supongo que muchísimas más… No puedo ni imaginarlo, y no me importa… porque nuestra dimensión del tiempo es totalmente ridícula, y esto dicen que te tranquiliza y te ayuda a relativizar… ¿Relativizar? Puede que sea un buen recurso para calmar las inquietudes… ¡Para quien las tenga!

Solo temo que a algún loco se le ocurra, antes de que me vaya de este mundo de insensatos, jugar con unos cuantos kilos de uranio enriquecido, ¿Por qué siempre lo enriquecido es malo? O que se caliente del todo el casquete polar, (ya están trabajando en ello), y nos quedemos otra vez entre dos aguas, con aletas pequeñas, ojos saltones y escamas plateadas, que es de donde parece que procedemos todos.

Será, de nuevo, el origen del origen… y otra vez vuelta a empezar. Aunque el pez grande seguirá comiéndose al chico, como ha sucedido siempre… ¡Que más me da!

Pero, a pesar de todo, con el permiso de mis pastillas de Viagra, de mi cartón de vino tinto con gaseosa, de mis papelinas de coca, y de mis divertidas visiones, puedo atreverme a decir que me considero una persona «razonablemente feliz.»

Por eso, una noche solitaria, abrazado a mis espejismos recurrentes, y cautivado por una lamparilla de cuarzo que le compré a un chamán en un mercadillo de Túnez, hace ya algunos años, mientras acariciaba a mi viejo gato descolorido, escribí esto…

Cada vez me siento más liberado,
Con más instinto, más alcohol y menos orden.
Odio la uniformidad, y camino por senderos tortuosos,
Por precipicios que dan vértigo.
Pero mi único sostén soy yo.
Y eso me hace muy feliz.

17

El jubilado

Jorge era un ingeniero de telecomunicaciones, inteligente y trabajador, que llegó ocupar un alto cargo directivo en una empresa energética, hasta que lo jubilaron con una estupenda pensión. Nunca se casó ni tuvo hijos, aunque se le conocían varios romances de juventud, pero no consolidados en el tiempo.

Aquella mañana salió de su casa temprano. Había llovido y el suelo estaba húmedo, el aire le pareció muy puro, y el asfalto una alfombra que se extendía hasta el infinito. Todo parecía estar igual; solo él había cambiado.

No llevaba su cartera de piel, regalo del presidente, ni la mano en el bolsillo de la gabardina. Se detuvo un instante para encender su habano, y esquivó por poco a la vecina del tercero, que siempre la acechaba para hablar de cualquier cosa trivial sobre el barrio.

Doblo la esquina y se acercó a un kiosco para comprar su periódico habitual. Luego se sentó en un banco cercano para hojearlo tranquilamente. Pero no tuvo suerte. Manuel, un vecino jubilado hacía dos años, se le acerco sonriendo con una estúpida complicidad y le dijo:

—¿Qué tal? Estas haciendo tiempo ¿verdad?

Jorge comprendió que acababa de oír la expresión más horrible de su vida… ¡Hacer tiempo! El jamás había hecho tiempo. Lo había aprovechado, apurado, disfrutado y, seguramente, malgastado algunas veces.

El comentario no le gustó en absoluto. Solo hizo un ligero movimiento de cabeza que no significaba nada, y se levantó sin contestar.

Ahora caminaba por la Diagonal sin fijarse en nada en concreto, solo en las ramas de los árboles, que le fascinaban, y a las que pocas veces había dedicado su atención. Pensó que eran ramas de un mismo árbol, pero todas distintas, y, por primera vez, consideró aquello como algo importante.

Solo quería pasear, pero «saber pasear» es algo más difícil de lo que parece…

Hay que tener serenidad, el paso lento, la mirada alerta y una predisposición de ánimo especial, como si las personas, los perritos, los escaparates luminosos, y las ventanas abiertas, se fuesen acercando a uno, poco a poco, para saludarle y felicitarle por estar vivo.

Jorge estaba aprendiendo a hacerlo, mientras meditaba que «el tiempo es algo limitado que solo existe mientras uno existe», es muy variado y tiene un principio y un fin, como las ramas de los árboles…

De pronto se detuvo frente a una tienda de ropa, y le entraron ganas de comprarse camisas de colores, con flores, de esas que se llevan sin corbata, porque la vida estaba llena de colores, no solo de cuellos duros y color gris…

Al salir, el suelo ya estaba casi seco, y había empezado a lucir el sol entre las nubes que se retiraban hacia el mar. Una señora, gorda y bajita, había resbalado en la acera y pedía ayuda con gritos histéricos, mientras un joven, con el pelo rapado y unos tejanos raídos, intentaba ayudarla.

Volvió a detenerse frente a un escaparate de una tienda de juguetes para observar a un perrito mecánico que, tras el cristal, movía la cabeza sin parar, como diciéndole que sí, encendiendo y apagando sus absurdos ojillos de plástico.

Y siguió reflexionando. Ya tenía esa edad en la se empieza a acusar el deterioro físico del cuerpo, y si algo se rompe es difícil arreglarlo. Llegan los regímenes con poca sal, la pastilla de la noche y la de la mañana, las lentes progresivas, el ejercicio moderado… ¡Todo empieza a ser moderado!

También le dio por reflexionar sobre ese gran segmento de la población al que llaman los jubilados. Pensó en esos hombres y mujeres a los que el sistema les compra los que les queda de su existencia. En todo el horror que significa acotar con fechas, cifras y cálculos, sus expectativas de vida; en los carnés diferentes, en los viajes especiales, en las encuestas que los sociólogos estudian para analizar sus expectativas de voto y en su capacidad de consumir antes de desaparecer del todo...

Pero decidió aparcar esos pensamientos y recuperar sus «reservas genéticas de optimismo». De repente le entraron ganas de llamar a Lola e invitarla a cenar.

Hacía tiempo que no la veía y siempre le gustaba su compañía; su aire un tanto indolente, su cabello azabache y corto, y, sobre todo, su sonrisa franca y abierta que siempre había sido su mejor arma.

Quedaron en El Orotava, un clásico para estos encuentros, con las mesas iluminadas por velones y rodeadas de gruesos cortinajes, que le dan un aire un tanto esotérico, propicio para las confidencias.

Cuando ya estaban enfrascados en los placeres de sobremesa, se le ocurrió preguntar por Héctor, una pareja que parecía afianzada desde hacía bastante tiempo con Lola.

—¿Qué tal Lola, como te va con Héctor?

Su respuesta fue impactante:

—No muy bien, la verdad. Tú ya sabes cómo es Héctor. Siempre lo supe, pero esta vez se ha pasado. De repente cambio radicalmente su enfoque de la vida, y me dejó colgada...

—¿Y bien? —inquirió Jorge con naturalidad.

—Te explico cómo me argumentó su radical despedida. Fue, más o menos, así:

«No quiero mentirte Lola. Lo he vendido todo y he comprado un chaletito precioso a las afueras de La Habana. Me voy con una morenita de veinte años. No estoy enamorado, pero me gusta físicamente, y ella me adora, o al menos yo me lo creo. Allí, un técnico como yo se valora mucho, el clima es maravilloso, los "mojitos" son auténticos, y su familia me cuidará como un rey. Además, ya sabes que nunca te olvidaré, pero tengo que irme...

»Aquí me falta oxígeno. Esta es una administración de hipocresía y corrupción. Incluso la etimología que usan los políticos es irreconocible. Veras, amiga mía...

»Las causas sustituyen a las ideologías: los programas son hojas de ruta con muchas líneas rojas; los activistas a los militantes; las escasas dimisiones son apartarse a un lado, mientras las puertas giratorias no paran de girar; y los dichosos móviles no tienen ninguna intimidad para nadie… ¡No lo aguanto más! ¿Me entiendes Lola, ¿verdad?»

Al oírla, a Jorge solo se le ocurrió decir:

—En fin, la vida sigue, para él, para ti, y para todos nosotros. Oye… ¿Quieres venir a mi casa, para oír algo de música y tomar otra copa de vino blanco? Así te relajarás…

Lola asintió encantada.

La música sonaba sin estridencias, arrancando las notas desgarradas de Joaquín Sabina, y el vino resulto excelente. Lola dijo que le apetecía ducharse.

Jorge ya apuraba su segundo habano, mientras escuchaba el rumor del agua cayendo sobre el cuerpo de ella. Ese ruido que siempre es el mismo, pero siempre distinto, provocando expectativas placenteras…

Y entonces le dio por pensar en las ramas de los árboles.

La jubilación es decir adiós a la tensión, y hola a la presión.
MALCOM FORBES

Hay algunos que comienzan su jubilación mucho antes de dejar de trabajar.
ROBERT HALF

18

El deterioro del lenguaje[*]

Primer motivo

La intrusión de un sinfín de palabras (por llamarlas así) fragmentas, sincopadas, abruptas, de origen generalmente inglés o americano (que no es lo mismo), que configuran toda una simbología nueva. Estos neologismos imponen una forma de comunicación cada vez más inexpresiva, carente de toda animación sensitiva y casi apremiante, acorde con las urgencias y las prisas que están destruyendo hoy tantos valores intelectuales, que solo pueden entenderse y asimilarse desde posturas reflexivas y serenas.

Valgan algunos ejemplos (en modo alguno exhaustivos) que proceden, en gran parte, del mundo de la informática, que ha conseguido dominar y ocupar totalmente las mentes (y el tiempo) de las generaciones actuales:

Bit; pixel; e-mail; chat; ranking; spot, software, hardware, piercing; crack; moving; lifting; mailing; kit; giga; after-hours, footing…y tantas otras.

Leídas así, de carrerilla, me parecen exabruptos o *tics* nerviosos e incontrolados de un individuo psicópata en estado de gran excitación. Algunas de ellas se están convirtiendo, además, en verdearas unidades de medida para valorar el teórico nivel del *status* de los individuos. «Si tu cámara *digital* no tiene más de tres *megapíxeles*, eres un pobre individuo» o «si tu conexión de *Internet* (ADSL) no supera la velocidad de 512 *Kbps*, eres poco menos que un desgraciado, aislado del mundo.»

Y esto solo acaba de empezar…

---

[*]   El incorrecto uso del lenguaje en nuestros tiempos es algo que me alucina cada vez más, sobre todo porque se ha llegado a unos límites a los que nadie parece poner remedio. He sintetizado aquí algunos de los motivos de este deterioro, según mi particular criterio, procurando no ser víctima de ellos.

Segundo motivo

La lamentable consolidación de determinados tipos de audiencia televisiva en la práctica totalidad de los hogares, con la aceptación indiscutible de este medio entre los jóvenes y los no tan jóvenes. Me apresuro a decir que no debo ni puedo negar el colosal avance que la televisión ha significado en la historia del hombre, facilitando algo tan fundamental como la información (casi en tiempo real), que ha permitido superar el aislacionismo y oscurantismo de tantos siglos en la humanidad en muchas materias. Esta utilísima y casi mágica herramienta es, sin embargo, muchas veces también, la culpable de algo de lo que revela un estremecedor informe PISA sobre «comprensión y hábitos de lectura», que deja en muy mal lugar a nuestra ciudadanía, en todos sus niveles

En primer lugar, este medio acapara de forma apabullante la mayor parte del tiempo que se podría dedicar a un ocio razonablemente más instructivo. Esto, pese a ser preocupante en cuanto a los hábitos de lectura, no es lo peor. Lo peor es el contenido de un número cada vez mayor de programas que fomentan la más estúpida utilización de nuestros recursos mentales, y que consigue plantear asuntos de total futilidad e insulsez como si fuesen temas trascendentales por los que valga la pena preocuparse. Alguien, inteligentemente, los ha calificado de *telebasura,* y parece que los segmentos de mercado que absorbe son alucinantes y aumentan cada día.

Pero quizás lo más deprimente no solo sea el contenido hortera y sensiblero hasta límites inauditos de estos programas, sino la imagen del público que los sigue con fervor, manipulados sin compasión, alineados como animalitos de compañía a la espera de chupar un instante de gloria ante la cámara, y felices, desde su vacío existencial, por haber logrado matar algo de su tiempo residual que ya no tiene valor alguno.

Mientras tanto, una batería implacable de *spots* induce (directa o subliminalmente) al consumismo más salvaje de productos de limpieza, cremas o artilugios «milagrosos» para rejuvenecer diez años en una semana; o a la adquisición de automóviles que no se acabaran de pagar nunca... La mayoría de ellos promocionados hábilmente por la imagen de una señora estupenda que, a veces, es lo único que se salva del mensaje.

Y todo esto ocurre, además, instalados desde la sencillez y la comodidad que supone apretar simplemente un pequeño botón de lo que, por algo será, ha sido calificado enfáticamente en las casas como «el mando».

La única alternativa en muchos casos (si, a pesar de todo, se sigue siendo un teleadicto) es entretenerse viendo como copulan laboriosamente, durante media hora, dos enormes tortugas del Pacifico, o como un boa constrictor engulle lentamente un pequeño ciervo, ante la mirada atenta del cámara y los comentarios entusiastas del presentador.

Finalmente irrumpen durante varias veces, de día y de noche, con inexorable puntualidad, los llamados «telediarios» (auténticos *tele desgracias*) con su ingente contenido morboso de sangre, muertes, violaciones, navajazos políticos, calamidades sin fin, y las interminables competiciones deportivas, con sus astronómicos fichajes...

Es natural, pues, que, ante este panorama, la humilde competencia de un buen libro instalado en la biblioteca de una casa (en las pocas en que esta existe), sea desde luego algo muy difícil; casi insignificante...

Tercer motivo
Los teléfonos llamados *móviles*.

Aquí es de justicia también ensalzar las enormes ventajas de estos aparatos. Es indudable que, después de la pastilla anticonceptiva y junto a Internet, son lo que más ha revolucionado nuestra moderna civilización. Su implantación ha sido tan fulminante que muchos sociólogos califican ya a esta generación como «la generación del móvil».

Nadie podía pensar, hace muy poco años, que, desde cualquier lugar, y sin engorrosas conexiones, nos pudiésemos comunicar a enormes distancias todos los habitantes de este convulso planeta. Aunque, de todas maneras, a pesar de tanta facilidad de comunicación no puede decirse que hayan mejorada mucho las cosas... El problema sigue siendo el de la violencia y la falta de tolerancia y comprensión, con móvil o sin él.

Pero el móvil no parece haber influido nada en los datos comparativos con los años anteriores, en lo referente a la comprensión del leguaje y la expansión del hábito de la lectura.

Es cierto que el móvil ha representado una facilidad enorme para hacer valido aquel viejo refrán de «hablando se entiende la gente» (aunque a veces ocurre todo lo contrario), pero lo importante no solo es hablar, sino saber transferir correctamente conocimientos, opiniones, ideas...

La utilización del móvil está acompañada casi siempre de urgencias, de frases y pensamientos inacabados, y ha llegado hasta el punto de crear un lenguaje sintético y aberrante, sobre todo entre sus jóvenes usuarios que son la inmensa mayoría.

Así, por ejemplo, ya es habitual utilizar expresiones como «*T ro eta tde*» para decir »te espero esta tarde» o «*llma x fa*» para decir «llámame por favor».

No se trata ya de ahorrarse palabras, sino de suprimir alegremente vocales y consonantes a gusto del consumidor... como si volviésemos a la utilización más primitiva de algún lenguaje ancestral.

Aparte de estas consideraciones -quizás demasiado alarmistas- y rebajando un poco el tono circunspecto de esta exposición, comentaré las reflexiones de un periodista, amigo mío, que detesta plenamente (y con toda razón) este prodigioso milagro de la tecnología, Son estas....

Han pasado bastantes años y siguen apareciendo casos y cosas curiosas y aberrantes, tanto en nuestras pantallas de televisión como en las emisoras de radio, en la prensa, y en las peroratas de nuestros locuaces políticos... Conservo un buen repertorio de ellas, fruto de la empanada mental que supusieron los recién adquiridos conceptos de democracia, libertad, autonomía… y, sobre todo, en el trato para los temas judiciales, que ya empezaron a ser noticias constantes para el gran público, ávido de conocer con detalle las miserias humanas.

Hubo un momento en el que, para garantizar al máximo los adquiridos y súper valorados derechos humanos, todo y todos siempre eran «presuntos» hasta que no se demostrase lo contrario.

Así no es de extrañar la información de un locutor de la Televisión Española, en los llamados entonces «telenoticias», cuando se refirió a un caso de los calificados ahora machaconamente como de «violencia de género».

Fue, literalmente, así:

«Hoy ha sido encontrado el cuerpo de un hombre, con más de doce puñaladas en su cuerpo, diez de ellas mortales de necesidad. El *presunto cadáver*, ha sido trasladado al Instituto Anatómico Forense…»

Y también recuerdo cuando en uno de los incipientes programas de la televisión privada, en los que se empezaba a usar la resultona y sentimentaloide formula del «pariente desaparecido», la locutora de turno le preguntó a una atribulada mujer, objeto de aquel inadmisible sarcasmo público:

«Así que no recuerda usted, cuando fue la última vez que vio a su marido…»

La respuesta fue sincera y totalmente representativa de la confusión y acumulación de conceptos a los que estaba sometido entonces el «pueblo soberano de a pie»:

«No. Perdone usted… pero es que hoy estoy un poco *absurda*… o sea, es que tengo una *amnistía* total…»

Alucinante ¿verdad?

La lista sería interminable. Pero voy a dejar al lector que sea el quién disfrute descubriendo estas «perlas» del uso incorrecto de nuestro lenguaje. Siguen apareciendo con bastante frecuencia, imperdonables en nuestros días, en los que la palabra «comunicación» pasa por ser la más importante en todos los sentidos.

Claro que siempre nos quedarán los libros, porque al menos en estos aún se aplicará la llamada «corrección de estilo». ¿O no...?

El teléfono móvil acerca a las personas que están lejos, pero aleja a las que están cerca.
Siempre deseé que mi computadora fuera tan fácil de usar como mi teléfono... Ahora ya no se usar mi teléfono.

19

Los entierros de antes[*]

Las personas de mi generación somos los últimos testigos de aquellos luctuosos acontecimientos, con toda su parafernalia, que aún siguen llamándose entierros, a pesar de sus muchas diferencias.

Veamos como sucedían entonces las cosas…

En aquellos tiempos, no tan lejanos, el difunto pasaba las últimas horas de su corpórea presencia en «su casa» rodeado de los suyos, ataviado con sus mejores galas, y en su dormitorio de toda la vida, donde había soñado, deseado y amado.

Las verjas de hierro de las porterías modernistas estaban abiertas por el lado no habitual para anunciar al visitante que en aquella escalera había un difunto. Los vecinos procuraban mantener un respetuoso silencio, con las radios a un bajo volumen, y recomendaban a los pequeños no hacer «jaleo».

Finalizado un tiempo, el descenso de la «caja» por la escalera precedía a su introducción en unos carruajes que eran verdaderas obras de arte, recordando la imaginería de Salcillo, cuyo tiro estaba formado por dos o por más yeguas, según el entierro fuese de primera, de segunda o de tercera categoría.

El recorrido por las calles era todo un espectáculo.

Los *urbanos* detenían la circulación, saludando firmes, mientras algunos caballeros se descubrían la cabeza y las mujeres se santiguaban. La procesión estaba presidida en la primera fila por los deudos más próximos, seguida de una masa heterogénea de «amigos de toda la vida», a la que seguía un grupo de vecinos, y los jubilados, porque no tenían otra cosa que hacer. En aquellas ultimas

---

*   Aunque el enunciado de este capítulo puede parecer un poco lóbrego, creo que permitirá extraer algunas reflexiones curiosas sobre cómo han cambiado las cosas, no hace tanto tiempo, en los llamados entierros.

filas solía discutirse acaloradamente sobre futbol, amparándose en la distancia con los deudos que presidian el cortejo fúnebre.

Para situarnos mejor en la época a la que me refiero en este relato, debo puntualizar que yo respondía al prototipo de lo que podríamos llamar «un chico formal», sintiendo una gran admiración y respeto por mi padre.

«El Doctor» era un hombre dedicado íntegramente a su noble profesión hipocrática, lo cual le impedía a veces cumplir con algún requisito que podría calificar como «necro-sociales», y delegaba su representación en su correcto hijo, que era yo.

Al principio, la inexperiencia y un excesivo celo me hicieron cometer algunas meteduras de pata, que recuerdo entre una sonrisa contenida y algo de vergüenza.

El difunto deformado

En cierta ocasión tuve que presentar mis respetos a una viuda, cuyos hijos habían sido atendidos por mi padre. Al atravesar el vestíbulo me encontré con unos jóvenes que no me hicieron caso alguno y seguí avanzando por un amplio pasillo hacia una puerta de la que procedía un murmullo de voces y un contenido gimoteo que parecía ser de dolor.

Al entrar se hizo un silencio, y una mujer de mediana edad y muy buen ver, me miro con curiosidad y afecto diciéndome:

«Tú debes ser el hijo del Doctor. Igualito que él. Pasa, pasa…»

Me senté a su lado en un silloncito de mimbre, aceptando una copa de Champagne y unos pastelillos.

Lo que no sabía es que aquella viuda era una de esas personas con muchas ganas de completar el ritual de la muerte, hasta sus últimas consecuencias y con todo lujo de escabrosos detalles.

Su escalofriante y detallado relato fue así:

«Ha sido una agonía espantosa. Ha sufrido mucho y su rostro se ha deformado totalmente, no parece el de antes. Pobrecito, ha quedado como un monstruo, sin cejas, sin pelo, casi sin labios, por el cáncer de laringe y la quimio… ¡Algo terrible ¡Con lo majo que era… ¿Quieres verlo, hijo mío? Esta aquí mismo… en la habitación del lado. Los de la funeraria ya están abajo. Enseguida se lo llevaran…»

No sé lo que pasó entonces por mi mente, pero todo sucedió muy rápido, absurdo.

Quizás fue un mecanismo de defensa junto al deseo de ser amable, pero, sin saber cómo, pronuncié una de las mayores estupideces de mi vida:

«No, muchas gracias, señora… ¡Ya volveré otro día!»

Una viuda muy feliz

Al año siguiente, mi padre me requirió nuevamente para representarle en otro velatorio. Esta vez era en el Eixample, y el apartamento era moderno y lujoso. Se respiraba lujo, diseño, casi ostentación. En el vestíbulo un corrillo de gente joven engominada, reían alegres y desenfadados como si estuviesen esperando que saliese la novia.

Pregunte por la viuda y enseguida una chica del grupo, una preciosidad, rubia, minifaldera, y con un desparpajo impropio de la situación, me acompañó a una amplia galería, cogiéndome del brazo y sonriéndome.

«Ven. Te presentare a mi madre. Yo soy Mary, su hija».

La madre era la viva imagen de su hija, con unos años más, pero mejorada. Estaba sentada, mostrando unas largas piernas enfundadas en unas finas medias, que surgían de una falda plisada, también muy mini.

«Hola. Tu eres el hijo del Doctor… ¿verdad? Tu padre es un tío fenomenal, hace años salvó a Mary. Dale muchos recuerdos míos.

»Tú pareces inteligente y quizás te choque este revuelo, pero lo de Ernesto ya no era vida, ni para él ni para nadie. Entre los dos ya no había nada, nada de nada… ¿me entiendes? Cada uno hacía su vida, bueno, el pobre hacia lo que podía…

»No quiero parecerte cruel, pero menos mal que nos ha dejado. Tantos años sufriendo su enfermedad, su carácter, su egoísmo… Era un poco, digamos negativo, y además mucho mayor que yo.

»Mira, tú eres joven y lo entenderás. ¡Ahora podré vivir mi vida ¡Tengo derecho ¿no te parece, después de lo que pasado?

»Pero bueno… ¿quiere una copa de Champagne?»

Aquella mujer hablaba sin parar. Allí no había dolor. Todo lo contrario, solo una gran alegría y una sinceridad espeluznante.

Seguí escuchando, procurando no intervenir en aquel monologo portentoso.

«Y mira lo que me ha dejado, entre otras muchas cosas… Un pedrusco de diez kilates… Y este piso de más de doscientos metros cuadrados, la torre en la costa brava, un mercedes último modelo, y un montón de millones en las cuentas bancarias conjuntas. El pobre sabía cómo ganar mucho dinero, pero no sabía disfrutarlo como yo.

»¿Quieres otra copa? ¿Y unos canapés? Son buenísimos, de Casa Mora».

Yo no estaba preparado para aquello. No lo hubiese imaginado nunca, y, otra vez, volvió a suceder.

Volví a decir lo que no debía… ¿o sí?

En cualquier caso, tuve la sensación de que mi padre no se habría molestado en absoluto. Seguramente hubiese sonreído condescendiente.

Me levanté con una sonrisa estúpida, encajé un cálido y sensual beso de aquella mujer en la mejilla, y le dije:

«Gracias, señora, muchas gracias por sus atenciones…

»Pero ahora tengo que marcharme.

»¡Ah! ¡Y muchas felicidades por todo…!»

Llegué muy tarde

Cuando falleció Doña Carmen, amiga de toda la vida, y vecina de mi casa, mi padre decidió que yo también asistiera al sepelio. La hora era bastante inoportuna para mí porque coincidía con un examen en la universidad, pero conseguí llegar a tiempo, aunque bastante tarde.

La comitiva ya estaba en la calle, y acababan de introducir a la difunta en un primoroso carruaje con varias coronas. La primera fila era la más numerosa, y distinguí entre ellos la amplia frente de mi padre.

Enseguida me acerqué presuroso a la cabecera del duelo y, sin dudarlo, me dirigí a un individuo vestido de negro riguroso, con rostro cariacontecido, que ocupaba el centro de la hilera.

Estreché efusivamente su mano, puse cara de dolor y de disculpa, y le dije muy compungido:

«Lo siento mucho. He llegado un poco tarde. Le acompaño en el sentimiento y… ¡lamento mucho la pérdida de su esposa!»

Aquel personaje adoptó una postura muy correcta, aunque pude entrever una sonrisa especial en sus labios.

Apretó mi mano y respondió:

«Gracias joven, pero se equivoca. ¡Yo no soy el viudo! Soy "El relaciones públicas de la funeraria"…»

Rápidamente escurrí el bulto lo mejor que pude. Pasé delante del auténtico viudo, que se sonreía por debajo de la nariz, e incliné nervioso la cabeza retirándome apresurado al extremo de la fila donde estaba mi padre.

Estaba serio como siempre, quizás un poco más, cuando zarandeó ligeramente mi brazo y me dijo en voz baja pero contundente:

«¡Calamidad! ¿No has visto el escudo en la solapa?»

Aquellas representaciones «necro sociales» que me encargaba, se fueron espaciando desde entonces, hasta que desaparecieron con él.

Pero siempre recordaré con nostalgia y una media sonrisa los velatorios de antes, en los que tantas meteduras de pata cometí.

Aunque, la vedad, me encantaría volver a aquellos tiempos, junto a mi padre, estudiando, y gozando de ese tesoro irrepetible, que es la juventud.

La muerte no llega con la vejez, sino con el olvido.
GABRIEL GARCÍA MÁRQUEZ

[20]

Los barrios
Patrias, fronteras, y otras entelequias

En los tiempos actuales, ya nadie duda que nos ha tocado vivir una etapa de la historia de la humanidad en la que las «patrias» son cada vez más sucedáneas, y las «fronteras» más difusas y difíciles de explicar. Nos llamamos europeos, pero poca gente conocerá los límites geográficos, y las diversas costumbre y hábitos, de este super concepto pluri social en que se hablan muchas lenguas, como en una moderna torre de Babel. Los confines políticos y financieros se han expandido de forma imparable, con una ambición ávida de poder al precio que sea.

La famosa duda cartesiana «pienso luego existo», se ha convertido en un «voto luego existo», y las leyes universales de siempre, ahora nos pretenden dictar normas sobre la disciplina, la ética, e incluso la estética de nuestros comportamientos. Pagamos demasiados impuestos (directos e indirectos) con una nueva moneda, inflacionista desde su origen, aunque muchos seguirán añorando, durante años, los ojos melancólicos de aquella mujer morena, pintada por Romero de Torres, que ilustraban los codiciados billetes «de mil pesetas».

Dentro de este panorama, entre nostálgico y futurista, pocas voces defienden aún el concepto de «*barrio*». Las enciclopedias lo definen como: «Entidad sociológica e inmaterial que hace referencia a un grupo social», o como: «El marco físico soporte de una comunidad suburbana dentro de una ciudad». Creo necesario reflexionar un poco más sobre la pluralidad que encierra este concepto, y su gran dimensión sociológica.

En todas las ciudades, existen múltiples acepciones al respecto: Hay barrios de negocios, barrios dormitorio, barrios residenciales, barrios chinos, barrios góticos… e incluso en el lenguaje popular, el hecho de acabar con las servidumbres de este valle de lágrimas se define como… *Irse al otro barrio.*

Muchos barrios tienen un gran contenido antropológico fundado en su código propio de fiestas, celebraciones, ritos e identidades, propiciando un sentimiento que no se consigue siempre en las grandes urbes.

La pertenencia a un barrio es tan fuerte, que resulta habitual oír la expresión: «*Ser de...*» en vez de: «*Vivir en...*» Para muchos de los que habitan estos vecindarios, se trata de una autentica «Patria chica», por encima de banderas, partidos políticos o entidades supra nacionalidades. Pero, en los esquemas de su convivencia de los últimos años, han aparecido unos cambios importantes, como la llamada «globalización» que, aparte de sus teóricas ventajas a nivel de la economía mundial, han incidido en la perdida de cohesión e identidad de sus ciudadanías.

Paralelamente, no podemos olvidar otros subproductos como: la segregación socio territorial; la marginación de núcleos subdesarrollados; el culto a todo lo moderno; la eclosión de grandes centros comerciales impersonales; y la división de clases (frente al lujurioso escaparate de un consumismo enardecido y manipulado, como siempre, por el sistema).

Otro aspecto, cada vez más de actualidad política, es el que abunda sobre el fenómeno de «la inmigración». Casi siempre emigran los más jóvenes, con su lógica cuota de independencia e ilusión en el futuro, para «mejorar», sean del color y del credo que sean, y entonces puede aparecer la xenofobia frente a «Lo otro»; «Lo desconocido», y posteriormente «el Racismo», tan antiguo como la humanidad.

Basta un repaso somero de la historia para comprobar las innumerables guerras, cruzadas, y atrocidades étnicas de todo tipo, que han existido para defender los individualismos bajo una bandera, un pedazo de tierra, una raza, una creencia religiosa, o una ideología política concreta. Este fenómeno no es nada nuevo, y la actitud frente a esta realidad debe tratarse en todas sus dimensiones, sin prejuicios ni utilizaciones partidistas, sin el complejo y atávico entorno de las creencias, sectarismos, ni radicalismos.

Sin ir más lejos, el caso de Cataluña es un ejemplo revelador e importante de su gran espíritu de integración y solidaridad en todo el mundo:

Algunos datos muy relevantes, (que cabría actualizar, por supuesto), son significativos a pesar de referirse a una década anterior: -1-En el periodo 2001-2008 la población de Cataluña registra uno de los crecimientos más altos de su historia. -2-La inmigración del extranjero es el componente principal de su crecimiento -3- En el año 2008 esta cifra supera el millón de habitantes. -4- En Cataluña reside el 21 por ciento del total de extranjeros en España. -5-La población extranjera se casa y tiene los hijos en edades más jóvenes. -6-Uno de cada cinco matrimonios corresponde a hijos de madre y/o padre extranjero. -7- Solo el 2 por ciento de las defunciones corresponde a residentes extranjeros. -8- Los inmigrantes tiene altas tasas de activad (cerca del 80 por ciento), pero más precariedad laboral y mayor tasa de desempleo. -9- En el «Àmbit Metropolità» se concentra el mayor número de extranjeros (6 de cada 10). (Fuente: IDESCAT)

Son reseñas para una reflexión muy cercana, que cada uno interpretará a su manera.

Otro aspecto destacable sin duda es la intrusión, feroz e implacable, de la dictadura de las poderosas «Multinacionales».

El comercio mundial (más del 50 por ciento) y las inversiones de capital (más de 75 por ciento) están en manos de EE. UU., Japón y la U.E. Se trata de una autentica oligarquía en la producción de bienes y servicios muy concentrados, mayores que muchos estados, e imposibles de controlar. La mayoría de ellas, con apellidos interrelacionados con el mundo de la política y de sus gobernantes, lo cual hace muy difícil el control de su enorme cuota de poder, y de los teóricos derechos del individuo.

Volviendo al inicio de estas reflexiones, quiero reivindicar, una vez más, el concepto de barrio, como unidad sencilla pero indestructible, que agrupa a las gentes frente las adversidades, la crisis, (o como quieran llamarla), y que se recrea todavía, en un encomiable esfuerzo tradicional, para expresar sus auténticas alegrías. Es un clamor sencillo, que me sale de muy adentro, como el chorro de agua que mana de las pocas fuentes públicas que resisten como monolitos del pasado; o los plataneros a los que se arriman los perritos para hacer pis, temerosos del rugir aterrador del tráfico infernal de las grandes ciudades.

Ahora nos preocupa poder aparcar el coche sin que desaparezca por la voracidad recaudadora del sistema, en cualquier lugar mal señalizado a propósito. Poder beber algo sin tener que soplar ante un tipo desconocido, con cara de pocos amigos, gorra y pistola, (que pagamos nosotros) y que nos confisca algo tan intrínseco como nuestro propio aliento. Poder fumar tranquilamente, sin ser criminalizado y recluido en un zulo pequeño y mal iluminado como enfermos viciosos y apestosos. Y rogarle a una entidad financiera que me devuelvan algo de mi dinero (que ya les he confiado antes), sin tener que darles las gracias por la horrible vajilla que me ofrecen si les deposito algo más de mis sufridos ahorros.

Algo fundamental ha cambiado, y... ¡No me convence en absoluto!

De momento lo comentaré con José, el dueño del bar de la esquina de mi barrio, y le pediré un octavillo de tortilla de patatas, un café corto sin azúcar, mientras me fumo un habano en su amplia terraza. Y, a lo mejor, también le pido una docena de empanadillas (para llevar) con huevo duro y atún, aunque tengan algo del dichoso colesterol. Otro descubrimiento de la medicina que también pretende amargarme la vida.

Mientras lo hago, resuelvo el crucigrama del día, sonrío a una vecina que viene cargada del súper, y reflexiono un poco:

Si quieres ver la verdadera situación de un país, sal a la calle, entra en mi barrio, conoce a la gente que vive allí, y habla con ellos.

Seguro que aprenderás muchas cosas...

Gracias. Te espero.